开车懂这些，维修养护

《家庭开车用车全知道》编写组

中国铁道出版社

2017年·北京

图书在版编目（CIP）数据

开车懂这些，维修养护少花钱 /《家庭开车用车全知道》编写组编著．—北京：中国铁道出版社， 2016.4（2017.4 重印）
（家庭开车用车全知道）
ISBN 978-7-113-21514-9

Ⅰ．①开… Ⅱ．①家… Ⅲ．①汽车－车辆保养－基本知识②汽车－车辆修理－基本知识 Ⅳ．① U472

中国版本图书馆 CIP 数据核字（2016）第 034936 号

书　　名：开车懂这些，维修养护少花钱
作　　者：《家庭开车用车全知道》编写组

策划编辑：许士杰　郭　静　编辑部电话：（010）51873204　电子邮箱：syxu99@163.com
责任编辑：郭　静
版式设计：闫　月
责任校对：王　杰
责任印制：郭向伟

出版发行：中国铁道出版社（100054，北京市西城区右安门西街 8 号）
网　　址：http://www.tdpress.com
印　　刷：虎彩印艺股份有限公司
版　　次：2016 年 4 月第 1 版　2017 年 4 月第 2 次印刷
开　　本：720 mm×1 000 mm　1/16　印张：10　字数：200 千
书　　号：ISBN 978-7-113-21514-9
定　　价：40.00 元

前　言

汽车犹如人，人有疲惫的时候，人在各季节要做相应的“保养”，这样，精力才能充沛、持久。同样，汽车虽然是由各种机器组成的，但在运行的过程中需要“照料”。否则，由于机件磨损、自然腐蚀和其他原因，技术性能将有所下降，如长期缺乏必要的维护，不仅车本身的寿命会缩短，还会成为影响交通安全的一大隐患。

俗话说，买车容易养车难。汽车的保养与维护一直是汽车养护人员特别是汽车使用人员关注的热点。广大车主在汽车养护的过程中，往往无法忍受费用高昂且层出不穷的推荐保养项目。心里一直存在困惑的是，不知道推荐的各种项目到底该不该做，不知道各种项目的合理价格到底是多少，不知道有没有既能保证品质又能大幅度降低费用的办法，心里一直没有底。

本书是《家庭开车用车全知道》系列图书其中之一，主要介绍了汽车保养基本理念、汽车易损件的维护和更换等内容，还讲述了汽车保养与维护的基础知识，包括汽车保养维护过程中常用的材料和常用工具，然后重点详细地介绍了发动机、底盘、车身和汽车电器设备的保养与维护。从汽车的构造、保养、维护、装配、调整方面介绍操作要点和维护保养方法。

编写本书的目的不是使读者成为一名无所不通的修车师傅，而是希望让广大车主对自己爱车各时期各部分的状况了如指掌，而不被维修和养护人员所蒙蔽，从而避免挨宰，狠狠省钱，大大放心。

本书通俗易懂，避免了晦涩难懂的专业性词汇，让读者在轻松阅读中就能掌握汽车养护知识，是一本非常实用而容易掌握的汽车养护图书。

编　者

2016 年 4 月

《家庭开车用车全知道》编写组共有二十一位成员，他们分别是（排名不分前后）：

杨承清　吴中亚　陈德军　李佳滢　许春霞　张正南
王玉静　李芳芳　孙晓林　陈佳思　李长江　高海静
刘梦然　葛新丽　张　跃　梁　燕　吕　军　徐知三
江　超　张　蕾　俞　婷

他们分别来自驾驶培训、汽车维修、交通管理和汽车驾驶协会等不同的行业，有驾校的金牌教练，有交通部门的高级警察，有汽车协会的驾车达人，有汽车维修的高级技师……他们不仅是各自行业内的专业人员，分别具有丰富的汽车驾驶、维修和养护的经验，有的还是所涉领域的权威。可以说，《家庭开车用车全知道》系列丛书是目前最权威、最全面的家庭汽车驾驶安全读本，希望驾驶员或车主选读该系列丛书，以此消除开车养车的盲点，提高开车用车的水平。

目录

Contents

1 汽车养护基本常识，你知道吗

2 新车开不对，就要留下后遗症

3 汽车清洁养护，做对才会不伤车

4 这些坏习惯，毁车你都不知道

5 保护修复漆面，就这样简单

6 更换补给油液，你可以不去 4S 店

7 易损部件更换保养，这些可以自己做

8 汽车功能部件，养护好了用得久

9 电子系统的保养，精密的部件要精心

10 做好车轮保养，用得长久又安全

11 掌握车体拆装，小毛病可以自已修

12 做好电瓶养护，延长电瓶的寿命

13 做好换季养护，行车安全有保障

1

汽车养护基本常识，你知道吗

汽车保养，又称汽车维护，是指定期对汽车相关部件进行检查、清洁、补给、润滑、调整或更换某些零件的预防性工作，主要包含了对发动机系统（引擎）、变速箱系统、空调系统、冷却系统、燃油系统、动力转向系统等的保养，目的是确保和恢复汽车的技术性能，保证汽车具有良好的使用性和可靠性，使汽车的使用寿命延长，安全性能提高，既省钱又免去许多修车的烦恼。

1.1 汽车保养的几个原则

汽车的养护是每位车主的必修课程，也是汽车保养的重点工作，这不仅关乎汽车的使用寿命，而且关乎到行车安全。现在，给广大车主说说汽车养护的几个原则。

知识重要指数：★★★★★

养护汽车必知常识

1. 小保养可以自己动手

对老司机来说，换个空滤、安个灯泡这样的小活完全没必要去4S店，甚至不够跑路的钱。

2. 小保养也可以到快修中心

家用汽车每行驶5000公里都要进行机油、机滤的更换，对于这类没什么技术含量的活完全可以放心地交给社区快修店打理。

3. 不要盲目选用进口轮胎

有些车主特别喜欢“进口”轮胎，但适合欧洲路况的轮胎在国内往往难有上佳表现，因为中欧的环境和路况不同。

4. 车内设备不要随意增加

不少车主喜欢在车内加装各种设备，这种改装，如果处理不妥当，会影响汽车性能及操纵，易留下后遗症或影响行车安全。

5. 阳光下不要洗车

太阳下洗车容易损伤车漆，因为太阳下，水所形成的凸透镜效果会使车漆的最上层产生局部高温现象，时间久了，车漆便会失去光泽。洗车打蜡最好是在有遮蔽的条件下进行，或选在阴天或是晴天的早晨、傍晚时分。

6. 汽车要经常开一开

发动机与变速箱等传动机件表面会因常处于与空气直接接触的状态而生锈。最好的方法是每隔几天让爱车跑上三四十分钟。另外，长期短途用车也易伤车，应适时跑跑长途。

1.2 选择适合爱车的养护产品

车辆的日常维护保养是车辆使用过程中的重要问题，而维修保养是否专业则是您更关心的。汽车行驶到一定里程，技术状况将发生变化，各总成和零部件会产生不同程度的磨损、松动、变形或其它损伤，使原有的尺寸、形状和表面质量发生变化，破坏了零部件的配合特性和工作条件。这时，汽车的动力性安全系数变差，机件的可靠性也随之下降，甚至会发生严重的机械或交通事故。因此，根据汽车的使用情况，及时进行养护，可以发现和清除事故隐患，防止早期磨损，延长使用寿命。那么，我们如何给爱车选择“养护品”呢？。

知识重要指数：★★★★★

养护汽车必知常识

1. 根据车辆的不同部位、不同状况，市场上有一系列的养护产品，如市面上最常见的有几十个不同的品种，因此，在选择时必须注意根据自己的具体车况和损伤部位选择合适自己爱车的护养用品。

2. 汽车护养用品只是一种在正常情况下保养汽车的护理品，当汽车因为机械性的损坏故障而无法运行时，应当进行维修，也就是说，汽车护理并不能替代机械损坏所必需的维修。

3. 不要到车况非修不可的时候才求助于汽车护理品，而应该长期使用这些汽车护理用品，才能达到最大的收益，达到“全寿命无需大修”的效益。

1.3 保养汽车，如何选修理厂

保养汽车的技术含量已经发展到一个很高的层次，尤其是电脑的飞速发展及其在汽车上的大量应用，一方面使汽车的各项性能大大提高，另一方面，又对汽车的保养提出了更高的要求。汽车保养的修理厂多如牛毛，但是鱼目混珠，良莠不齐。选一个好的汽修厂保养汽车还真不容易。那么，保养汽车的时候，你知道如何选择修理厂吗？

知识重要指数：★★☆☆☆

养护汽车必知常识

1. 首先，车主在汽车保养时，要选择一个具备综合维修资质的维修站，正规的维修站必须具备《工商营业执照》、《营业许可证》、《技术审查合格证》，《道路运输经营许可证》。对于需要做二级维护、整车维修的车辆，只有具备一类和二类资质的维修企业才有资格。

2. 在保养过程中，如果需要更换零配件，一定要看清外包装上的“厂名、厂址、电话、注册商标、执行标准”等项目，并在修理单上注明产品型号、产地、规格；不要忽视自己的知情权，要眼见为实。同时车主还可以依据全省的维修管理制度，讲明价格。

3. 车主在保养前与维修厂，进行三大件的签订：维修记录、结算清单、维修合同。这样在以后发生纠纷时可以作为依据。

4. 车主可以通过验收时对一些细节进行观察，以此来检测保养的效果。比如某个总成上固定或连接的螺栓，都应该是一个标号或一个型号，尤其关键部位的螺栓是不允许其他螺栓代替的。

1.4 懂得避免汽车维修保养争议

汽车经常驾驶，难免会出现这样或那样的故障。有了故障就要及时修理，就要与汽车修理厂打交道。有的车主只跑一趟就修好了车，心满意足；可也有的车主跑了好几趟也未必修好车，真是沮丧透顶。那么，避免汽车维修保养争议，你知道该如何做吗？

知识重要指数：★★☆☆☆

养护汽车必知常识

1. 详细介绍车的情况：车主要将车的故障向修理人员交代清楚，特别是那些有时才出现的故障，更要尽可能详细地描述故駿常发生的时间、地点、运行状况和现象等，以便维修人员进行正确的判断。

2. 真实介绍车的情况：千万不要向修理人员隐瞒车的真实情况，如是否自行修理过，是否在车辆的驾驶过程中有过错误操作等，这些对修理人员迅速查找故障原因有很大帮助。

3. 不要有敌对情绪：不可否认，有的修理厂都会采用不正当手段获取高利润。如果从你的车进入修理厂的那一刻起，你就时刻监视着修理人员的一举一动，很容易引起别人的反感，修理效果自然也会打折扣。

4. 不要自作专家：除非你真的对汽车修理很了解，否则你就尽量多地提供车的情况，而不是去指手画脚地指导修理人员，因为在修车上他们是专家。

5. 要求合情合理：修车是一项讲究科学的工作，不能只讲省钱省时。如果非要强迫修理厂在你规定的时间内，甚至不超过多少钱的修理费用内将车修好，那工作的质量也就很难保证。因此，遇到修车问题，你一定要与修理厂协商解决。

6. 与业务员建立良好的关系：业务员恐怕是维修时间和费用关系最为密切的人了，你与他们交个朋友，就会多点信任，少些敌意，这就足够了。

7. 做一个精明虚心的客户：你应该多加询问，要精明也要虚心。但是，要你对修理厂信任可不意味着对他们言听计从，对于自己不明白的地方，一定要在修理前和修理过程中多问几个为什么，在得到合理的解释之后再做决定。

1.5 汽车保养常见项目

汽车上的很多部件系统都有自己的保养周期，按期保养汽车常见项目是保证爱车性能，延长使用寿命的主要途径。

知识重要指数：★★★★★

养护汽车必知常识

一般要对车辆的以下部位进行保养：

1. 发动机：机油、冷却液、火花塞、喷嘴、燃油滤芯、空气滤芯、各种密封垫（气门盖垫、气缸盖垫、油底壳垫）；

2. 变速箱：变速箱油；

3. 刹车系统：刹车皮、刹车碟、刹车油液；

4. 空调系统：冷媒（雪种）、空调滤芯；

5. 方向机：方向机油液；

6. 橡胶件：发动机机脚胶、悬挂摆臂橡胶支座、避震顶橡胶支座、前后桥橡胶垫、轮胎、曲轴箱后油封、变速箱前油封、传动轴传动减震橡胶（后轮驱动汽车）、雨刮；

7. 电源：蓄电池。

1.6 汽车油液及易耗品的保养间隔

汽车油液及易耗品都有一定的使用周期，如果不按时保养，爱车就会出现性能下降，甚至引发不必要的故障。

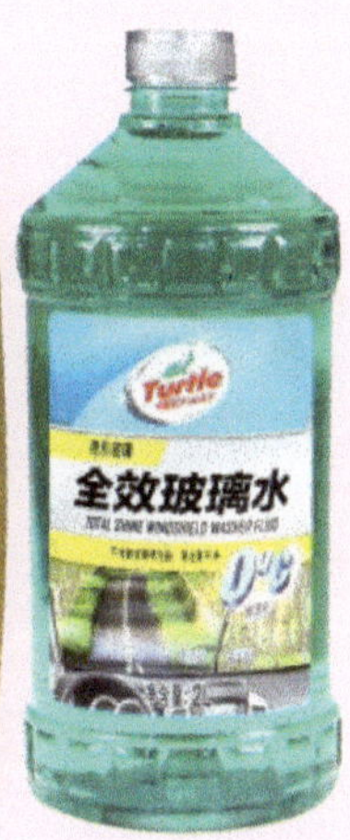

汽车防护油液

知识重要指数：★★★★★

养护汽车必知常识

	保养项目	保养里程间隔 /km
	机油	5 000 ～ 10 000
三滤	汽油滤清器	20 000
	空气滤清器	
	机油滤清器	
	防冻液	20 000
	火花塞	30 000 ～ 40 000
	变速箱油	50 000 ～ 60 000
	刹车油液	40 000
	方向机油	20 000（首次） 40 000
	蓄电池	20 000（或 2 年）

1.7 自己做汽车保养要安全第一

对于那些具有一定保养经验的司机或汽车维修师傅来说，自己做一下日常保养完全是可以的。但在保养的过程中，应注意安全第一。

知识重要指数：★★★★★

养护汽车必知常识

1. 禁止在不通风的环境中长时间运转发动机

发动机排出的废气中含有一氧化碳，在不通风的环境中，人如果长时间处于低浓度的一氧化碳气体环境中，就会引起头痛、呼吸急促、恶心呕吐、体虚目眩、心理混乱、大脑损伤，甚至死亡。

2. 禁止用嘴吸汽油管

汽油不仅易燃易爆，而且有毒。若将汽油吸入肚里，可能导致中毒或死亡。

3. 禁止沾上化油器清洗剂

大部分的化油器清洗剂中都含有甲基氯化物、芳香族类和乙醇，这些物质都有一定的毒性，一旦被吸入鼻内或溅在皮肤和眼睛上，都是很危险的。

4. 小心制动液

制动液对汽车的漆膜（包括皮鞋的漆膜）有损害作用，而且，制动液对眼睛是有害的，如果溅入眼睛，必须立即用清水冲洗干净。

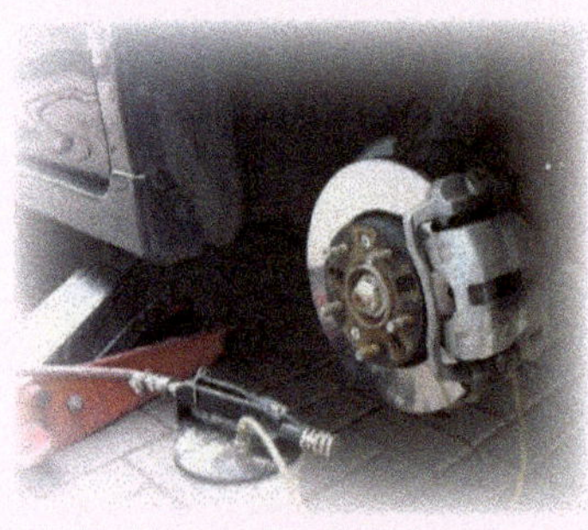

释放制动液

5. 禁止机械伤害

在进行保养操作时，应设置明显的作业标志，以防其他人的误操作而受到伤害。比如，在启动汽车时，应注意变速器的挡位情况，以防汽车误动伤人；试验发动机时，不得在车下作业；等等。

6. 预防火灾

在保养汽车时，经常需要使用油料、清洗剂等易燃、易爆物品，此时千万别忘了消防措施，备好灭火器，以防万一。更不要吸烟，汽车散发出来的可燃气体很容易被引燃。

7. 防止烫伤

刚熄火的发动机温度高，千万不要取下水箱盖或松开放水开关，以防烫伤。

1.8 汽车零件的磨损过程

汽车零件的磨损是一个十分复杂的现象，磨损量的多少与汽车零件所受的应力状态、工作条件与润滑条件、加工表面形貌、材料的组织结构与性能及环境介质的化学作用等一系列因素有关。

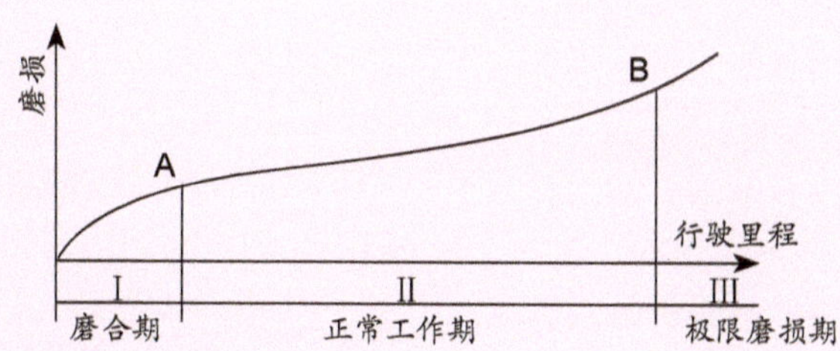

养护汽车必知常识

绝大多数的汽车零件不能继续使用时，并不是说汽车零件的整体被破坏，而是由于零件工作表面的磨损逾限而促使零件失效。据可靠资料统计，75%的汽车零件由于磨损而报废，因此磨损是影响汽车零件可靠性的主要因素。

在汽车零件上磨损通常表现为磨料磨损、粘着磨损、表面疲劳磨损、腐蚀磨损和微动磨损等几种形式。其中前三种是磨损的基本类型，后两种磨损只是在某种特定条件下才会发生。汽车零件磨损一般要经过磨合期磨损、正常工作期磨损和极限磨损期磨损等三个阶段。

1. 磨合期磨损

磨合期对汽车的使用寿命及油耗影响很大，因为磨合期的磨损会使零件表面拉伤造成疤痕，这个粗糙的疤痕会增大摩擦阻力，这个疤痕还会容纳金属屑、油泥等含颗粒的杂物，这些杂物在运动中会使磨损继续扩大，最终会引发故障，所以磨合质量决定着整车的寿命。

2. 正常工作期磨损

汽车过了磨合期，各部件便进入了正常磨损阶段。这个阶段的时候长而持久，零部件一般不易损坏。

3. 极限磨损期磨损

汽车进入极限磨损期之后，磨损加快，汽车容易发生故障，直至报废。

1.9 汽车技术状况的分级标准

根据我国交通部第13号令《汽车运输业车辆技术管理规定》的第17条规定，汽车按用年限、关键项和项次合格率等技术状况分为一级车、二级车、三级车和四级车等四类。

知识重要指数：★★★☆☆

养护汽车必知常识

1. 一级车

一级车，即完好车，新车行驶到第一次额定大修间隔历程的2/3，或第二次额定大修间隔里程的2/3以前。各项技术指标良好，使用中无任何保留条件，可随时出车。

特别强调：经过两次大修后的汽车，无论技术状况如何都不能核定为一级车。

4S店待售的一级车

2. 二级车

二级车，即基本完好车，是指车辆主要使用性能和技术状况都低于一级车的要求，或行驶里程超过第一次大修间隔里程的2/3，或行驶里程超过第二次大修间隔里程的2/3，但车辆尚符合国家标准《机动车运行安全技术条件GB7258-2004》的规定，能随时参加运输工作。

3. 三级车

三级车，即需修车，指汽车技术状况处于需要修理状态的汽车。

三级车为需送大修之前，经过最后一次二级维护后正在使用的汽车，以及正在大修或待更新尚在行驶的车辆。

4. 四级车

四级车，即停驶车，指那些技术状况最差，预计在短时间内无法修复，或修复费时、费力代价昂贵，无修复价值的车辆。

2

新车开不对，就要留下后遗症

有的车主认为新车是没有用过的车，肯定不会出毛病，所以不需要养护，这其实是完全错误的想法。新车上路，各部件还处于磨合状态，各机械部件的配合还处于不十分和谐的状态，各接触部件对润滑的要求较高，这时如果忽视对新车的养护，那么日后肯定会惹来大麻烦。因此，车主一定要牢固树立新车需要养护的观念。

2.1 首次清洗新车有讲究

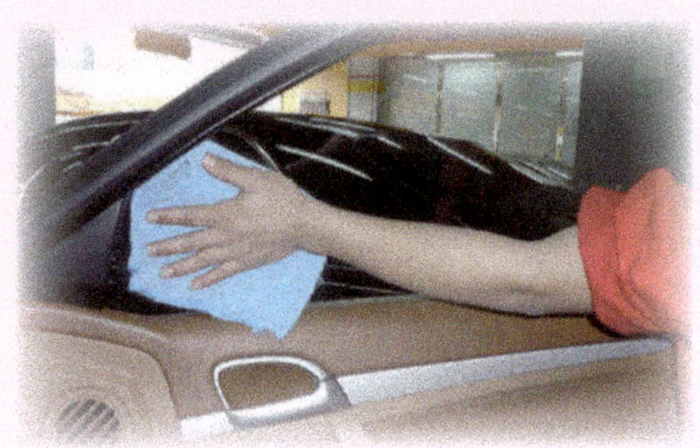

购得新车的车主，需要注意的是新车出厂时间短，有的甚至刚刚从车厂装配线上下来没几天，漆面比较软，需要滞后一段时间才能真正牢固和坚硬。因此，第一次清洗汽车不能马虎，如果清洗不当就会损伤外层的亮油部分，那车就不是越洗越亮而是越洗越暗了。

知识重要指数：★★☆☆☆

养护汽车必知常识

车主最好在新车出厂后的两个月内，在室内进行无尘手工洗车，并选用中性温和的洗净剂，把车漆表面的沙粒、污物清除干净。有些污物是用肉眼看不出来的，如飞漆、树胶、碱、酸等化学成分的污染，都应当彻底清除。

清除时，只是简单地用洗净剂是去不掉的，必须用专用去污黏土一点点地擦拭。此外，新车外表的清洗不能用强力高压水，也不要着急打蜡，最好在3个月以后再打蜡，而且不要使用硬蜡。

2.2 新车不要忘记开蜡

汽车生产厂家为了防止新车在储存和运输，尤其是海运过程中，车漆受到酸碱侵蚀和刮蹭，在出厂前对汽车漆面喷涂了一层专用防护蜡（封漆蜡），这种蜡可以对车漆表面起到长达一年的保护作用，新车开蜡就是除去封漆蜡的过程。

封漆蜡应在购车后尽快除去，其原因如下：封漆蜡不同于上光蜡，这种蜡没有任何光泽，透气性差，严重影响汽车美观。汽车在使用中，封漆蜡容易黏附灰尘，并且不容易清洗。封漆蜡在车漆表面长期停留会演变成有害物质，腐蚀车体。封漆蜡的蜡层表面厚且干硬，一般方法不容易去除。因此，车主在购车后，应到专业的汽车美容店除去此蜡。

知识重要指数：★★☆☆☆

养护汽车必知常识

新车主要用油脂开蜡水、树脂开蜡水和强力脱蜡洗车液等开蜡。使用时，应根据车身表面喷涂的封漆蜡种类合理选用。新手怎么掌握新车开蜡步骤是：

1. 车身表面，冲洗干净。新车开蜡时，必须先冲洗车身表面，可用冷水高压清洗机冲去车表尘埃和其他表面附着物，否则会影响开蜡水的溶解效果。

2. 喷开蜡水，均匀喷洒。冲洗干净车身表面后，在开蜡车车身表面均匀地喷上开蜡水，等候 6 ～ 7 分钟使开蜡水完全渗透于蜡层，快速溶解车表蜡的保护层。

3. 车表残蜡，擦拭干净。当车表蜡层完全溶解后，用棉布、毛巾或无纺布擦除车表的残蜡。擦拭时，应注意清除厂牌、车标内空隙、油箱盖钥匙孔周围、纤细的边缘或转角部分、车门车窗密封橡胶的边条缝、车牌、车灯、门边等处残存的车蜡。

4. 清洗车身，最后擦干。使用冷水高压清洗机冲洗车身表面，然后喷上洗车液清洁车身，最后再用高压水冲净车身，最后擦干就可以了。

2.3 保护爱车从给车身打蜡开始

汽车尾气的炭黑、空气中的杂物和酸雨等看不见的隐患，从新车上路的第一天便开始氧化车漆。为了保护新车漆就需要打蜡，但不是普通的蜡。新车蜡有两种：一种叫新车蜡，一种叫新车保护蜡。一辆新车应先使用新车保护蜡，在日常洗车后可使用新车蜡。

新车保护蜡的特有功能是超强的抗氧化和抗腐蚀，涂抹一次，一般可保持一年之久，日常洗车不会洗掉。新车蜡是一种柔和性蜡，一般里面没有抛光剂，不能经受洗车的考验。

知识重要指数：★★★★☆

养护汽车必知常识

给汽车的打蜡的工具和原料和简单，只要固体车蜡一盒，打蜡海绵一块和超细纤维毛巾一条。步骤是

1. 把爱车好好的冲洗干净了，最好是用专用的洗车液彻底清洗干净；

2. 车子冲洗干净后，要用擦车布把车彻底擦干，漆面有水是不好打蜡的，然后把车开到一个阴凉的地方，准备打蜡；

3. 用固体车蜡专用的圆形海绵蘸上车蜡，均匀地涂抹在车漆表面，不需要涂太厚，薄薄的一层即可。在涂抹的过程中，可以用海绵均匀地在车身上画圈，使车蜡在漆面上呈现出鱼鳞状效果；

4. 涂抹完毕，稍等 5 ～ 10 分钟，使车蜡充分干燥。同时，剩下的车蜡盖好盖子以备下次再用；

5. 用超细纤维毛巾在漆面上像擦皮鞋一样为漆面抛光，也就是把多余车蜡擦掉，直至爱车光亮如新，整个打蜡过程结束。其实和擦鞋油的过程差不多，只是面积大的多。

要注意的是，六个月以内新车无需打蜡。不可过于频繁打蜡，一般半年一次为宜。

2.4 磨合期检查少不了

汽车磨合期是指新车或经大修的汽车的初运行阶段，一般为 1000 ～ 2500 公里。新车的磨合不单指发动机的磨合，而是包括发动机在内的动力系统、传动系统、行驶系统、制动系统等所有部件的整车磨合。汽车需要经过合理而适当的磨合以后，才能达到最佳的工作状态。虽然现今的汽车制造加工工艺及技术较高，而且部分厂家的车型出厂前确实也进行过“冷磨”，但这并不代表汽车已不需要路上的磨合。俗话说：“良好的开端是成功的一半。”汽车的磨合也是如此。好多驾驶人都明白，新车买回来第一步就面临着磨合期，新车磨合期的好坏直接关系到汽车以后的使用状况。但是，大多数驾驶人并不一定都明白，新车为什么要磨合，应该如何磨合等问题。

知识重要指数：★★★★☆

养护汽车必知常识

车进入磨合期后，应进行阶段性能检查维护，检查维护的内容包括磨合前期、30 ～ 50 公里、150 公里、500 公里、1000 公里。

1．磨合前期：清洁全车；紧固外露的螺栓、螺母；添加燃油、机油；补充冷却液；检查变速器、胎的气压；检查灯光仪表；检查蓄电池；检查制动。

2．30 ～ 50 公里：检查变速器、前后驱动桥、轮毂、传动轴等是否有杂音或有无发热现象；检查制动系统的制动能力及紧固性、密封效果。

3．150 公里：检查全车外露螺栓、螺母的紧固情况。

4．500 公里：更换发动机机油，并用煤油清洗油底壳；更换机油滤芯；将前、后轮毂螺母进行紧固。

5．1000 公里：国产车需更换变速器、主减速器和方向机内的齿轮油；检查调整离合器踏板自由行程。

2.5 野蛮驾驶新车等于毁车

如果新车一落地就野蛮驾驶，短时间内可能不会出现故障，但随着时间的推移，很多零部件都会因未良好磨合造成早期损坏。为稳妥起见，车主还是应该按照保守方法进行新车初驶，这对于延长汽车使用寿命和提高汽车整体性能。

知识重要指数：★☆☆☆☆

养护汽车必知常识

1. 中速低速，严禁高速。初驶阶段的车速，国产车规定为 40 ～ 70 公里 / 小时，进口车一般规定为 80 ～ 100 公里 / 小时。实际行车时，要注意观察发动机转速表和车速表，使发动机转速和车速都在中速下工作。

2. 限制载重，严禁满载。新车在初驶期内，严禁满载或超载运行。一般在规定内，国产车的载负量不超过额定载负量的 75% ～ 80%，进口车载负量不超过额定载负量的 90%。

3. 短途行驶，严禁长途。新车如果跑长途，发动机连续工作时间较长，容易出现超负荷运行，从而使机械负荷增加，机件磨损加剧。因此，新车还是尽量别跑长途为好。

3. 均匀减速，不急制动。紧急制动不但使磨合中的制动系统受到冲击，而且加大了底盘和发动机的冲击负荷，所以新车在初驶期内应避免使用紧急制动。如果确有突发情况需要紧急制动，要尽量先踏下离合器踏板，以减少对发动机和传动系统的冲击。

4. 操作规程，严格遵守。车辆初驶期要严格按操作规程操作，做到先预热再起动，起动后原地升温，等冷却液达到起步温度（40 ～ 60℃）后再起步；行车时注意选择良好路面，保持中速行驶，尽量避免急加速、急制动和长时间连续制动；严格控制加速踏板行程，并轻柔操作；随时注意发动机的温度和声音，也随时注意变速器、后桥、轮毂的工作温度。

2.6 新车初驶出现问题时怎么办

初驶车极易出现故障，特别是初驶前期的 200～300 公里这个里程段。这就要求驾驶人每次起动后或在行驶中，都要仔细倾听发动机的底盘各总成发出的声音。中途休息时，要逐个检查它们的机体温度，一旦发现异响或过热观象，应立即熄火或停驶，等查明原因和排除故障后再重新起动和上路。

知识重要指数：★☆☆☆☆

养护汽车必知常识

1．在新车初驶期发现问题后，应迅速熄火或停车，避免小问题引发大故障。

2．先找有经验的驾驶人来协助诊断。

3．如果驾驶人在诊断后也难确定原因，车主应迅速跟厂家取得联系，听听厂家的意见再做决定。一般情况下，厂家会让你到就近的他们所设立的专修点维修。如果经专修厂断定确是主要总成，如发动机、变速器、分动器等出现故障，就可向厂家提出换车要求。

4．新车初驶期出现故障后，车主不要随便乱拆乱卸地处理，也不要自行随便找一个修理厂修理。如果修理时真的发现存在较大的机械故障，车主将失去要求厂家更换新车的机会。

5．新车出现小问题时，一定要到经销商指定的修理厂进行修理，并认真做好修理记录。如果车辆日后屡修不好，则可据此向经销商或厂方索赔。如果擅自修理，那么对车辆所存在的问题就无法确认责任方，商家会以此为由认为是你自己修理坏的，从而拒绝赔偿要求。

2.7 一定要做好新车首保

首保是指新车行驶后第一次保养。首保的时间因车而异，通常是行驶 1000 ～ 3000 公里后进行。首保的主要项目有：更换发动机机油和机油滤清器；检查制动系统的运行情况，例如，制动片与制动碟的间隙、磨损情况等；紧固各系统的螺栓；检查和调整传动带；检查和调整轮胎平衡和定位情况；检查和补充各种油液；检查灯光、蓄电池、减振器等部件的运行情况。按时参加首保，不要提早或推迟。完成首保，表示车辆磨合期已经结束，可以按车辆规定的标准载重和正常速度行驶。

知识重要指数：★★★☆☆

养护汽车必知常识

汽车维护保养按照传统分法，大致分为行驶车保养、停驶车保养、初驶保养和换季保养。

1. 行驶车保养：分为日常保养和定期（定程）保养。日常保养包括出车前检查、途中检查和回程后维护，保养项目全部由车主来完成；定期（定程）保养项目在《使用手册》中有详细列示，其中小部分项目由车主完成，大部分项目则要由厂家专修点完成。

2. 停驶车保养：凡停驶一周以上的车辆，都应进行停驶保养。

3. 初驶保养：凡新车和大修车在初驶前、初驶中、初驶后都应进行初驶保养。

4. 换季保养：凡全年最低气温在 0° C 以下的地区，在入夏和入冬前都要进行换季保养。

2.8 像呵护肌肤那样护理漆面

汽车漆面的厚度仅为20μm（20μm＝1 / 50mm），莫氏硬度仅为0.4至0.6，相当于2至4H铅笔芯，必须如同少女呵护肌肤那样精心护理，方能永葆新车锃亮鲜丽的色彩。

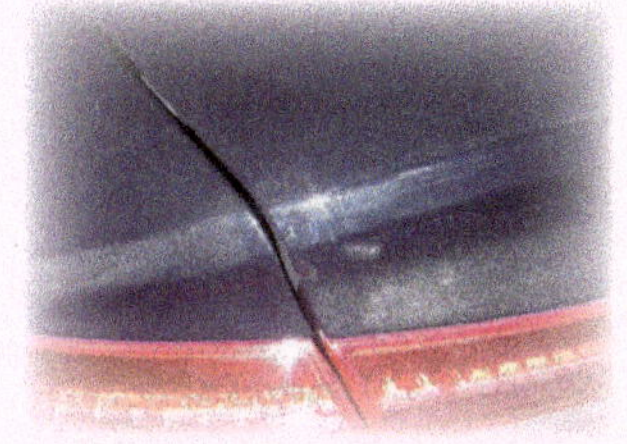

知识重要指数：★★★☆☆

养护汽车必知常识

老司机在养护汽车时主要抓住以下几点：

1. 车辆使用前、中、后，要及时地清除车体上的灰尘，尽量减少车身静电对灰尘的吸附。

2. 雨后及时冲洗。雨后车身上的雨渍会逐渐缩小，使雨水酸性物质的浓度逐渐增大，如果不尽快用清水冲洗雨渍，久而久之就会损害漆面。

3. 洗车时，应待发动机冷却后进行，不要在烈日或高温下清洗车辆，以免洗洁剂被烘干而留下痕迹。平常自己动手冲洗车辆要用专用洗涤剂中性活水，不得使用碱性大的洗衣粉、肥皂水和洗涤灵，以防洗掉漆面中的油脂，加速漆面老化。如在洗车场洗车，应防止洗车员使用脱蜡洗涤剂，以免漆面受到伤害。特别是行驶在沿海或污染严重地区的车辆，应坚持每天冲洗一次。

4. 擦洗车辆要用干净、柔软的擦布或海绵，防止混入金属屑和沙粒，勿用干布、干毛巾、干海绵擦车，以免留下划痕。擦拭时，应顺着水流的方向自上而下轻轻地擦拭，不得画圈和横向擦拭。

5. 对一些特殊的腐蚀性极强的痕迹（如沥青、鸟粪、昆虫等），要及时清除。对此，必须用专用清洁剂清洗，不可随意使用刀片刮或用汽油消除，以免伤害漆面。

6. 注意不要将带有油污的脏手触摸车身漆面或用油抹布随意擦洗漆面，不要将粘有油污的工具或含有有机溶剂的擦布置于车身上，以免产生化学反应。

7. 漆面若无明显划痕，不要轻易进行二次喷漆，以防止漆色不合或结合不好。

8. 车辆长期停驶，应停在车库或通风良好的地方，冬天应用专用车身罩覆盖。临时停放时，要选择阴凉的地方。

9. 防止对车身漆膜进行强烈冲击、磕碰和划痕。如发现漆面有伤痕、凹陷或脱落应及时进行修补，最好是到美容店修补。

10. 对镀光金属件的清洗，应使用炭精清洗剂，定期对其上蜡进行保护。

11. 对车身装饰件的清洗，要用质量较好的洗涤剂，上蜡时不要擦抹过重，避免穿透漆层而露原形。

另外，还要不定期对漆面进行上蜡保护并定期（每季度一次）到汽车美容店进行养护，及时恢复车身漆面的亮丽光泽度。除此之外，还可粘贴汽车漆面保护膜。3M漆面保护膜（犀牛皮）为无色透明的漆面保护膜，具有超强韧性。可用于保护车身保险杠、引擎盖、前后车门、后视镜等烤漆漆面，保护车漆面不被轻微擦撞而剐伤掉漆。

2.9 装饰新车要保证安全环保

汽车装饰，在一定程度上能表现出一个车主的品位和审美。这方面稍有不慎，不仅会降低汽车的档次，也会降低车主的品位。汽车的空间狭小，适当的装饰可以愉悦驾驶人的心情，丰富驾驶生活和情趣，但过度装饰不仅浪费钱财，而且还干扰了正常的驾驶。俗话说 ：“通风换气是个宝，任何药物替不了。”可见通风不良乃百病之根源。新车装饰后更要通风良好，以防装饰材料释放出的有毒气体对驾乘人员造成伤害。因此，新车装饰过后，每天把门窗打开一两个小时，持续一周左右的时间，在空气流通的状态下把毒气排放干净，或者利用光触媒技术去除车里的异味，分解有害物质，杀灭细菌病毒。

知识重要指数：★★★☆☆

养护汽车必知常识

装饰时要注意：

1. 不要装饰干扰驾驶人视线的饰品；
2. 不要装饰分散驾驶人注意力的饰品；
3. 不要装饰在紧急状态下容易伤害驾驶人的饰品；
4. 不要装饰影响驾驶人安全操作的饰品。汽车装饰不要追求“极限”。例如，有的车主认为贴的膜越深，隔热效果就越好，其实膜的隔热效果关键在于膜的制造质量，而不是颜色深浅；有的车主盲目更换大瓦数的前照灯泡，这样做虽然可以增加亮度，但极易烧坏熔丝或造成线路故障，甚至引发车辆着火。

3

汽车清洁养护，做对才会不伤车

汽车在行驶后，车身沾上了大量的尘埃、污渍、鸟粪以及不知名的昆虫等，就应及时进行清理，因为这些物质对于车漆表面有较大的损坏作用。车主应注意选择合格的洗车液进行汽车的清洗，并且注意在洗车时慎用洗车工具，另外还要按照正确的洗车步骤来进行清洁……另外，要清洁的不仅是车身和车厢，还有很多地方都有清洁的必要，如发动机等。其实，清洁汽车不仅仅的为了汽车有个干净漂亮的外观，它还是汽车安全质量的只要保证，所以，清洁汽车也是汽车养护重要的一部分。

3.1 再忙也要及时给汽车除尘

随着道路处处施工，人们在路面上经常会发现，一些刚刚投入使用的新车也充满沧桑，可是同样在灰尘满天的路上行驶，有的旧车却显得亮丽如新。对此，业内专家指出，如果忽视汽车除尘工作，除了汽车“面子”难看外，还会 对“里子”（车内部件）造成一定的影响。因此，使用汽车前、中、后，都要及时清除车体上的灰尘，尽量减少车身静电对灰尘的吸附。

知识重要指数：★☆☆☆☆

养护汽车必知常识

1．漆面防尘，建议镀膜。有的车主错误地认为新车不需要除尘，这就大错特错了。因为，车辆与空气摩擦产生的强烈静电会吸附一层灰尘，平时的洗车只能洗掉表面的浮灰，而粘在漆面的灰尘会越来越厚，并且阳光中的紫外线会使车漆褪色。如果从新车就开始进行良好的漆面养护，使用一段时间后，漆面的色泽和光洁度等都会强于同时期的其他未做养护的车辆，灰尘自然也不易粘附车身。但是需要注意的是，如果路面多灰尘，打蜡会更加吸附灰尘，而选择镀膜效果更佳。

2．防止进尘，加强密封。对于容易进尘的部位，可以自己动手补救。例如，门边密封条出现老化现象，可以到用品超市购买一种橡胶保护剂涂在门边密封条处，也可以购买一种自粘式半圆形门边密封条增强胶条贴在门边。对于其他几种进尘的部位，就应到维修点进行检查并更换。

3.2 了解汽车清洗的作用

汽车清洗，就是采用净水和清洗剂，通过专用设备和工具对汽车车身和内室等部位进行的清洁处理。

汽车外观，保持整洁。汽车经常行驶在飞扬的尘土中，有时还要在泥泞道路上行驶，车身外表难免被泥土沾污，影响汽车的外观整洁。为了使汽车外观保持清洁亮丽，必须经常对汽车进行清洗。

大气污染，予以清除。大气中有多种能对车身表面产生危害的污染物，尤其是酸雨的危害性最大，它附着于车身表面会使漆面形成有色斑点，如果不及时清洗还会造成漆层老化。轻微的酸雨可用专门去酸雨材料清除，严重的酸雨需要使用专门的设备和清洗剂才能彻底清除。因此，车主应定期将汽车送到专业汽车美容店进行清洗。

车身表面，清除顽渍。车身表面如粘附树粘、鸟粪、虫尸、焦油、沥青等顽固污渍，如果不及时清除就会腐蚀漆层，给护理增加难度。因此，车主要经常检查车身表面，一旦发现具有腐蚀性的顽固污渍应尽快清除；如果已经腐蚀漆层，必须到专业汽车美容店进行处理。

知识重要指数：★☆☆☆☆

养护汽车必知常识

根据污垢种类确定洗车时机：

1. 沥青焦油，及时清除。如果车身表面附有沥青或焦油，无论是对深色漆面还是浅色漆面的车辆，视觉影响都是很大的，并且沥青和焦油都是有机化合物，长时间附着于漆面会出现污斑，特别是丙烯酸面漆的汽车尤为明显。因此，车身表面沾上沥青或焦油后必须立即清除。

2. 树胶鸟粪，及时清除。汽车在露天停放，很容易粘附树胶、鸟粪和虫尸这类污垢，对此必须及时清除，否则会腐蚀漆层而形成色斑。

3. 水泥粉末，及时清洗。汽车在建筑工地上行驶时，车身表面容易沾上路面上的水泥粉，也必须及时清洗，以免水泥粉沾水后牢固地附着在漆面上难以清除。

3.3 熟悉清洗剂的功用

由于清洗剂去污力强，采用清洗剂可以提高清洗速度，并且可以将清洗与护理合二为一，减少美容工序，提高作业效率。清洗剂不伤漆面，确保质量。用清洗剂洗车，不仅可以干净彻底地清除各种污渍，而且不损伤漆面，对车身表面具有保护作用。采用环保型清洗剂清洗汽车，可以减少对环境的污染。

知识重要指数：★★★☆☆

养护汽车必知常识

了解汽车清洗剂的种类

1．水性清洗剂：对于水溶性污垢采用水性清洗剂就可达到较好的清洗效果。这种清洗剂一般由多种表面活性剂配制而成，有很强的浸润和分散能力，并且配方中基本不含碱性盐类，不仅能有效地清除一般性污垢，而且对漆面原有光泽具有保护作用。

2．有机清洗剂：对于非水溶性油污应采用有机清洗剂进行清洗，这种清洗剂主要用于去除车身表面的油脂类污垢。有机清洗剂的主要成分是有机溶剂。国内产品中的有机溶剂主要有汽油、煤油、甲苯、二甲苯等。有机清洗剂在使用中，应尽量避免接触塑料、橡胶部件，以免造成老化。

3．油脂清洗剂：又称去油剂，它具有极强的去油功能，主要用于发动机、轮毂等油污较重部位的清洗。

3.4 选用合适的洗车用具

汽车不仅是使汽车清洁亮丽、光彩如新，其主要的目的在于保养。由于汽车表面各部位的材料质地和形状不同，在清洗汽车时宜选用合适的用品。常用洗车用品包括水源、海绵、毛巾、浴巾、麂皮、板刷等，特种清洗还需要除诱剂和除油剂。人工洗车主要用自来水对汽车进行冲洗，并配合擦洗和刷洗，清除汽车表面的尘土和污垢。人工洗车简便易行，成本低。自己洗车时，需要这些用具：

1. 水源：要求清洁无污染，自来水就符合。

2. 海绵 ：要求洗车用的海绵应具有一定的韧性、抗拉强度和耐磨性。用它擦拭车身时，有利于保护漆面、提高作业效率。

3. 毛巾和浴巾：要求选用无坊布制品，普通毛巾和浴巾难以满足要求。用它擦拭车身过程中，不会有细小纤维的脱落。

4. 麂皮 ：要求较厚的皮质韧性好、耐磨性好的。用毛巾或浴巾将车身表面擦干后，再用麂皮进一步擦干。

5. 板刷 ：要求选用鬃毛板刷，不但具有较好的韧性和耐磨性，还可以减轻刷洗作业对橡胶、塑料件的磨损，用它清除轮胎、挡泥板等处附着的泥土垢。不提倡使用塑料纤维板刷。

知识重要指数：★★★☆☆

养护汽车必知常识

1. 洗车地方，阴凉空地。洗车时，找一片阴凉的空地，最好附近有水源和下水管道口。

2. 接桶清水，兑洗车液。接一桶清水，将专用洗车液按一定比例倒入桶内备用。

3. 车身污垢，清水冲洗。用清水冲洗车身，冲去上面的污垢。

4. 洗车海绵，擦拭车身。用海绵沾着调兑好的洗车液，开始擦拭全车身。

5. 擦完车身，清水冲净。等全车身擦拭完后，用清水冲净车身上的洗车液。在冲洗时，必须按照自上至下的进行。

6. 干净毛巾，擦干车身。用干净的毛巾或麂皮，将车身认真地瓶干净 。

7. 车辆轮胎，别忘美容。最后，别忘了为车辆的轮胎做一下美容。可以选用轮胎增亮保护剂或轮胎泡沫清洗剂来清理轮胎胎面，也可以选用轮毂清洗剂为轮毂进行清洁。

3.5 全车内清洗

全车内清洗是严格按照除尘、清洁、保养三个重要环节对仪表控制板、顶棚、后缸平台、地绒、内门板等进行彻底清洁和全面养护。

知识重要指数：★★★★☆

养护汽车必知常识

1. 清洁剂的选用

汽车清洁要选用中性或弱酸性清洁剂，其残留物无有害气体产生，且在几秒钟内自动挥发，安全环保，不会对人体产生任何伤害。

2. 皮革保护

一般指座椅，靓车会配备有整套的皮革护理工具，针对不同的部位选用不同的工具进行操作。

3. 蒸汽杀菌

专业的蒸汽杀菌除了对车内空气进行全面的高温杀菌外，还针对车内的空调出风口、座椅、地绒等几个容易积存灰尘和细菌的部位进行重点杀菌处理。

4. 清理仪表控制板

仪表控制板最容易积攒灰尘，且有很多死角，如果仪表控制板比较脏，则需用专门的仪表台清洁剂进行喷洒，并用干净的软布擦拭干净。

5. 清理顶棚

顶棚是比较容易忽视的地方，而且一旦进行清洗，势必会有液体残留物滴落在座椅或地毯上。如果清洗，需要由我们的专业施工人员进行，车主最好不要自行操作。

6. 清理后缸平台

车主通常都把纸巾盒、玩偶、靠枕等杂物堆放在后缸平台上，而纸巾、靠枕经常会被坐在车内的人取用，所以后缸平台的清理、除尘也马虎不得。

7. 地绒

地绒无法移出车外，所以建议车主不要自行操作，需要的时候可以到店由我们的专业的施工技师操作。

8. 内门板

使用专业中性清洁剂进行清洁，然后用干净的软布擦拭。

9. 座椅

座椅的清洁见下一节。

3.6 汽车座椅的清洁

汽车座椅万一脏了不但影响观瞻，而且对驾乘人员的健康也存在隐患。

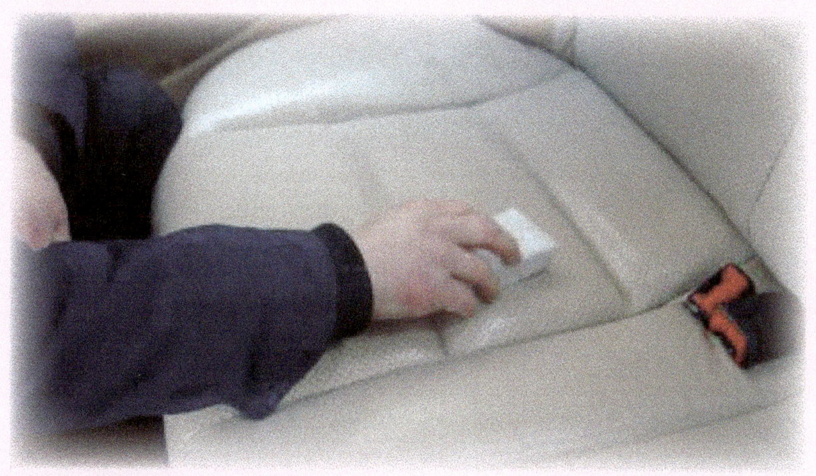

知识重要指数：★★★★☆

养护汽车必知常识

1. 准备好清洗汽车的工具或材料。

(1) 干净而柔软的布

(2) 汽车吸尘器

(3) 柔软的刷子

(4) 纤维清洗剂

2. 用干的布来擦拭纤维表面，然后将座椅纤维彻底弄干，如果绒布仍很脏，用温和的肥皂水及温水擦拭，再彻底弄干。

3. 用吸尘器清除灰尘，尘埃碎片。汽车美容专家称，如果灰尘凝结在绒布上或很难用吸尘器除去，先用柔软的刷子刷一下再用吸尘器吸。

4. 平时在车里不要吃东西，尽量不要让食物的细渣掉落在车座上，以避免滋生螨虫或其他微生物而产生怪味。

5. 如果污垢清不出来，试试市面上卖的纤维清洗剂。汽车美容专家称在较不明显位置先使用此清洁剂以确定它不会对绒布有负作用。要根据说明书来使用此清洁剂

6. 如何清洁真皮汽车座椅的详细说明，请查看如何清洁皮革，照之执行即可。

3.7 汽车方向盘的清洁

汽车方向盘长期手握，很容易出现汗渍，变得粘乎乎的，有时还会在凹凸槽部分沉淀灰尘和其他一些杂质，以致影响方向盘的灵活性。所以应定期对方向盘进行彻底清洗。

知识重要指数：★★☆☆☆

养护汽车必知常识

方向盘的材质大致分为三种：氨基甲酸乙酯、皮革及木质。针对不同材质的方向盘可用不同的方法清洗：

1. 汽车方向盘大部分是氨基甲酸乙酯的，这种材质的很容易去脏污，只要用干净的抹布沾点中性的清洁剂擦拭即可。

2. 皮革方向盘的脏污很难去掉，如果不清洁干净，就会慢慢变得难以清洁，皮革易变色。因此，在清洁的时候，先用一点清洁剂清洗，再将药水喷到脏污处，然后用干净白布进行清洗，最后找一块干净毛巾进一步清洗。清洗干净后，用皮革保护液配合海绵擦进行上光处理。

3. 对于木质方向盘，由于其木材表面进行了树脂处理，所以脏污很容易脱落，但木材变旧后，树脂会产生裂痕。对于这种方向盘，用中性的清洁剂擦拭就可以。

据有关大学研究人员检测发现，汽车方向盘潜藏的有害细菌数量比公厕卫生间还多，长期不清洁方向盘，无异于开着一个“移动垃圾桶”在到处跑。所以为了健康着想，车主还是经常给方向盘洗洗澡吧。

3.8 汽车地毯的清洁

地毯是汽车内部饰件中最容易脏也最难清理的部分，每天被踩来踩去的，各种脏物都可能留下，这是让车主最懊恼的地方。

知识重要指数：★★☆☆☆

养护汽车必知常识

不要烦恼，按照下面的方法，就可以让地毯干净整洁：

1. 由于地毯和汽车基本是一体的，所以很难拆下来清洗，因此一般车主都会在地毯上铺块可以活动的脚垫。对于脚垫，如果不太脏，拿出来拍打几下就可以。如果比较脏，就要用清洁剂清洗，而且要完全晾干后再放回车内。

2. 如果是地毯脏了，但只是轻微的，用毛刷头的吸尘器进行吸尘处理就可以了。

3. 如果是地毯脏得比较严重，需要先除尘，再喷洒适量的洗涤剂，然后用刷子刷洗干净，最后用干净的抹布将多余的洗涤剂擦掉即可。这样，清洗后的地毯既干净又柔软。

4. 在清洗地毯时，不能将地毯完全放入水中浸泡刷洗，因为这样会破坏地毯内部几层不同材质的粘接，还会使地毯在长时间内都无法干透，从而引起车内潮湿。

如果地毯沾上了血迹，要及时用湿冷的抹布擦拭，并且在血迹上面滴几滴氨水，过几分钟后，再用湿冷的抹布擦拭干净。切忌用肥皂或者热水清除血迹，因为血液遇到肥皂或热水会凝固，更加无法清除。

3.9 利用臭氧消除车内毒气

臭氧是一种高效广谱快速的杀菌剂，它可以杀灭多种病菌和微生物，当其达到规定浓度后消毒杀菌可以迅速完成。臭氧消毒正是利用臭氧这一特性，用一个能迅速产生大量臭氧的汽车专用消毒机进行消毒的。另外，臭氧还可以通过氧化反应除去车内的一氧化碳、氮氧化物和二氧化硫等有毒有害气体。

知识重要指数：★★☆☆☆

养护汽车必知常识

利用臭氧消毒有很大的优点：杀菌后不会残存任何有害的物质，因为臭氧杀菌消毒后很快就会分解成氧气，所以不会对汽车造成二次污染。而消毒后车厢里边留有的一些臭氧气味，只要将车窗打开，通风一段时间气味即可消失。

而且臭氧消毒的操作也很简单：将一根连接着汽车专用消毒机的胶管伸入到车厢内，然后打开汽车空调，利用空调的空气循环将高浓度的臭氧送到车内的每个角落。这样，只用几分钟，就能快速将病菌消灭干净。时间短而有效。

但臭氧消毒也有一定的缺点：长时间使用会使车内的橡胶老化，而且价格相对来说高一些。

汽车起动行驶时，绝对不能使用汽车臭氧发生器。如果用臭氧对汽车内部进行消毒，一定要等多余的臭氧分解、没有异味以后，车主以及乘车人员才能进入车内，起动行驶。而且汽车尽量不要行驶在空气污染严重的交通干道上，以防臭氧进入车内。

3.10 用活性炭净化车内空气

活性炭是一种非常细小的炭粒，它的表面积很大，而且炭粒中还有更细小的孔——毛细管。这种毛细管具有很强的吸附能力，由于炭粒的表面积很大，所以能与空气中的杂质，比如车内的甲醛等有害物质进行充分接触。当这些杂质遇到毛细管就会被吸附，从而使活性炭起到净化空气的作用。

知识重要指数：★★☆☆☆

养护汽车必知常识

如果车主想净化车内的空气，可以到商店或超市购买一些活性炭的空气净化装置，放在车内的角落。不用担心效果，它的吸附能力很强，所以净化效果非常好，而且由于使用活性炭属于物理方法，所以不会产生二次污染，可以放心使用。

有些车主为了省钱省事，经常喷洒一些消毒剂对汽车内部进行消毒，但这种方法不宜使用。因为首先会留下化学残留物，再者由于消毒液具有腐蚀性和漂白性，可能会对汽车内饰或金属部件造成损害。所以，省钱省事的最好方法还是活性炭消毒法。

3.11 光触媒消除车内毒气

利用光触媒消毒的时候，由于二氧化钛可以被一种特殊的树脂固定在车内，所以消毒效果不错，而且时间比较长久，一般消毒一次其功效可以保持两年左右，最主的是费用还比较低。

知识重要指数：★★☆☆☆

养护汽车必知常识

光触媒是近些年兴起的一种时尚的车内消毒方法，它的工作原理是：二氧化钛是一种光催化剂，它见光后可以产生正负电子，其中正电子与空气中的水分子结合产生具有氧化分解能力的氢氧自由基，而负电子则与空气中的氧结合成活性氧。氢氧自由基和活性氧均具有强有效杀菌能力，对于甲醛、氨和苯等化合物具有分解作用，同时还可以清除车内的漂浮细菌。

但光触媒消毒需要特定的条件，即二氧化钛只有在紫外线的照射下才能产生作用，而紫外线是对人体有一定的伤害的。再者，有些汽车贴有太阳膜，而太阳膜对紫外线有阻隔作用，这一定程度上影响了光触媒消毒的效果。

离子消毒也可以消除车内的毒气，它主要是通过购买车载氧吧释放离子达到车内空气清新的目的。但这种方法只能清新和净化空气，很难彻底杀菌，并且耗费时间很长。所以尽量少用这种消毒法。

3.12 蓄电池的清洁技巧

要想保持汽车蓄电池的正常工作，必须做好清洁工作。否则，容易导致蓄电池接触不良，直接影响车辆的运行。

知识重要指数：★★☆☆☆

养护汽车必知常识

1. 在清洁蓄电池前，首先要注意检查工作环境是否有明火，特别注意在清洁期间禁止吸烟，当发动机熄火的时候还应该注意断开蓄电池负极与汽车电缆连接。因为汽车蓄电池内含大量硫磺的酸会产生易燃氢气，遇明火容易产生爆炸。

2. 擦干所有用到的物品。

3. 用专业电瓶电极刷或是废弃牙刷清理电池正、负极上的粉尘和腐蚀物。如果不小心在手上沾上了清理下来的残渣，一定要及时洗手。

4. 可以用小苏打和水的溶液清洗蓄电池上的腐蚀物。

5. 由于腐蚀物是酸性物质，清洗时要小心眼睛，不要溅入，最好戴上防护眼镜。

6. 清洗完后，要擦干所有物品，以免发生短路。

如果蓄电池的柱头有白色腐蚀粉末，应当用热水清洗擦拭，然后再涂上一层黄油，这样可以减少蓄电池被腐蚀的程度。

3.13 清洗发动机润滑油道

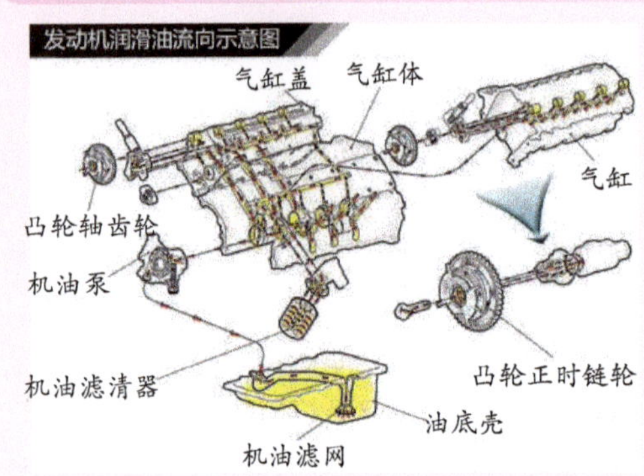

一般发动机内机油滤芯只能过滤大于25毫米的微粒，而发动机内的焦油、油漆、金属屑等小于25毫米的微粒则继续留滞积聚在各机油管路、机油泵和油底壳中。更换机油时不能清除掉这些微粒，从而造成了机油的污染，严重影响发动机的性能。

知识重要指数：★★☆☆☆

养护汽车必知常识

1. 向排净机油后的发动机注入标准容量60%～70%的新机油，然后以怠速运转2～3分钟，再将洗涤用的机油放尽。

2. 发动机润滑油道清洗机清洗。

发动机在清洁护理时，用发动机润滑系统清洗机，可将润滑系统内的油泥、积碳溶解并清理干净，以改善发动机机油品质、恢复发动机的性能，提供发动机的效率，减少有害气体排放，延长发动机的使用寿命。

3. 清洗方法与过程：

(1) 汽车进清洗场地，停上20分钟；

(2) 排放旧机油；

(3) 取下机油滤清器；

(4) 从工具盒中选择相配套的专用接头，装入油底壳，将螺母拧紧，再与红色油管相接；

(5) 从工具盒中选择相配套的专用接头，装入机油滤清器底座，将螺母拧紧，再与蓝色油管相接；

(6) 按电源起动开关，开始清洗10分钟；

(7) 待清洗完成后会有蜂鸣器发出“哗”的声音，这就表示清洗完成；

(8) 拆下各软管及连接件；

(9) 锁紧新的机油滤清器及油底壳螺栓。

3.14 注重底盘的清洗

底盘因为处于底部，在雨雪天气，不可避免地会溅到上面，如果长时间不清洗，会对底盘造成严重的腐蚀，特别是那些没有安装底盘保护的车型，雨水会渗透到底盘里，附着在车架、电极等部件上面，会使车架锈迹斑斑。另外，汽车底盘如果带着太多的泥土，会增加车重，进而增加油耗。所以，汽车底盘才是最需要保护和清洗的地方。

知识重要指数：★★☆☆☆

养护汽车必知常识

1. 用专业的高压水枪可以彻底清除残留在底盘上的淤泥。

2. 对于那些难以残留污物，在清洗时不要用硬质或者尖的物品去除，以免损伤底盘表面的氧化层，将它们先清理掉。

3. 最后，用清水将底盘冲洗一下。

在清洗底盘时，千万不要用碱性清洗剂、洗衣粉等清洗剂，否则会影响防锈效果并缩短防锈时间。

3.15 怎么清洗发动机

清洗发动机可以请专业人士代劳，也可以按下列操作程序自己动手：

首先，将汽车电器用塑料薄膜遮罩，然后用半湿毛巾压盖于薄膜上侧，以防高压水冲进分电器，导致汽车难以起动。用高压水枪由发动机侧面按从上到下的顺序将发动机舱内侧及发动机外表的附着类污物冲净，将发动机外部清洗剂均匀喷洒于发动机及发动机舱周边。晾约3秒后，用纤维毛刷清洗发动机舱内所能触及的所有部件，并用高压水枪快速冲净刷洗掉的污物，再将发动机外部清洗剂喷洒于发动机表面，操作步骤同上。如此周而复始，直至将发动机外表清洗干净。最后将冲洗干净的发动机用半湿毛巾擦干，并用风干机将手不易触及的地方吸干，然后风干。

如果能保证每个季度护理一次，发动机外部将会自始至终保持光亮如新。电器点火线圈和分电器等发动机电器的清洁，须采用特定产品进行。如果长期用水和普通的清洁剂处理，就只能加速其生锈、老化，影响汽车起动和行驶。

知识重要指数：★★☆☆☆

养护汽车必知常识

1. 清洗发动机表面时，应在刷洗掉的污物未被风干前快速将其冲净，否则应用半湿的毛巾配合使用。

2. 清洁发动机表面的金属部件时，可使用金属抛光剂或漆面研磨剂进行清洁，但塑料或橡胶部件就不允许使用这种方法。

3. 清洗后的发动机应在起动前将电路系统彻底风干。

4. 发动机在上光镀膜之前，将非原装线路重新包裹，然后进行上光护理。

5. 清洗后的发动机表面在上光镀膜之前将水分完全清除，因为在潮湿的部件表面上光镀膜，待保护剂下的水分挥发后，保护剂也会随之挥发。

6. 清理完毕后，应对发动机外表进行检查，并对遗漏的地方采取补救措施。

7. 发动机应使用 pH 值较高的碱性清洗剂。

4

这些坏习惯，毁车你都不知道

开车其实很简单，但如果你想开好车，把车保养好、保护好，就不是那么容易了。因为车辆是个复杂的机械，它有一定的操作规程的禁忌，稍有不慎，会对车辆造成伤害，而有许多伤及爱车的行为，都是驾驶者是在不知不觉的习惯中进行的，这些坏习惯可能会给爱车带来极大的危害甚至还能危及到自己的生命安全。

4.1 上马路牙子最易伤减震器

平常很难观察到车辆的减震器、弹簧、悬挂，但它们也是车辆的易损部件。过沟过坎时提前减速，而不要硬生生地让车辆冲过往，这不但是保证乘坐舒适性，也是对减震器、弹簧、悬挂的保护。不少车主上马路牙子时一跃而上，想显示高超的驾驶技术。实在说不定哪一次，车辆的减震器或弹簧就不再配合你的操纵了。

知识重要指数：★★☆☆☆

养护汽车必知常识

1. 上马路牙子除了要控制速度以外，还要注意角度。我们遇到很多车主投诉，车子开了不到1年或2万公里，轮胎鼓包了—其实，很多时候是由于不注意马路牙子造成的。

2. 侧着上马路牙子是最容易把轮胎弄坏的，还可能彻底报废。如果一定要这样做，记住尽量成90° 角再上。

3. 有关轮胎的提醒已经很多，但有一点还值得留意，那就是轮胎的胎侧面最薄，因此车主开车上台阶或过马路牙子时要特别留意保护胎侧，在正面不碰撞的同时也不要刮蹭到侧面，侧面的碰撞比正面还要毁胎。

4.2 左脚一直踩离合损害大

没完全分离就换挡：平时开车时我们总可以看到，一些心急的车主在离合没踩到底时就忙着挂挡，这样不但挡位难以正确挂进，而且长期这样操纵，对手动挡车型的变速箱是一种致命的损伤。自动挡车型固然不存在踩离合换挡的题目，但不少驾驶员在车辆没有完全停下来时，就匆忙挂上P挡，变速箱同样难以承受这种车况与操纵不符的情况。

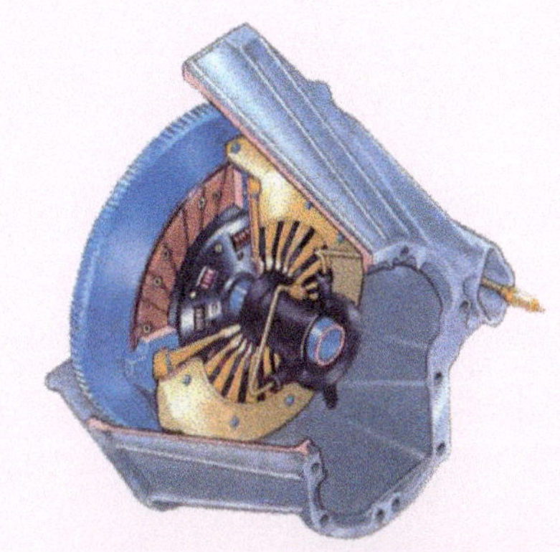

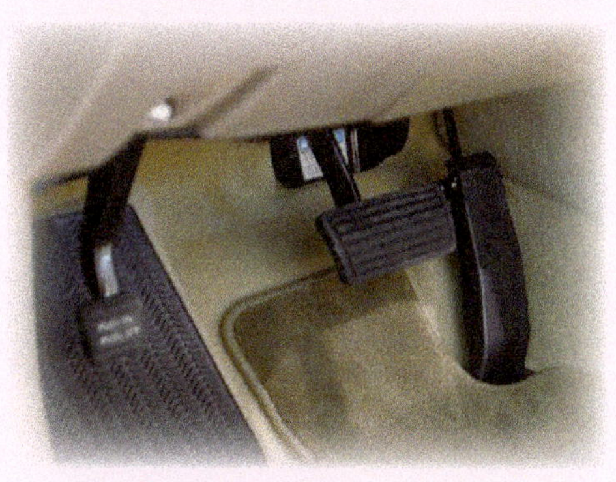

知识重要指数：★★☆☆☆

养护汽车必知常识

汽车离合器位于发动机和变速箱之间的飞轮壳内，用螺钉将离合器总成固定在飞轮的后平面上，离合器的输出轴就是变速箱的输入轴。在汽车行驶过程中，驾驶员可根据需要踩下或松开离合器踏板，使发动机与变速箱暂时分离和逐渐接合，以切断或传递发动机向变速器输入的动力。

1．一些驾驶员开车时习惯左脚一直踩在离合上，以为这样可以更好地保持对车辆的控制。实际上，这种做法对离合片损害极大。尤其是跑高速时，长时间的半离合状态会让离合片迅速磨损。

2．二挡起步的做法也同样会导致离合器过早损坏。一挡起步对任何车型来说都是有益无害的。

4.3 低挡高速损害发动机

不少手动挡车型的驾驶员或是图省事或是由于新人上路不习惯换挡，即便当车速提升到较高水平，车辆出现车速与转速不匹配的抖动时，还是维持原挡位不变。事实上，这种低挡高速的做法让发动机负荷增大，对发动机的损害是极大的。有经验的老司机都表示，开车不能懒，要根据车速勤换挡。超车提速时主动降挡。对于自动挡车型来说，当驾驶员深踏油门时，行车电脑会自动做出判定，降挡以提供足够扭力超车。但条件是驾驶员要将油门踩得足够深。

知识重要指数：★★☆☆☆

养护汽车必知常识

我们说的低挡高速不可机械地理解为平时用低挡位、高速度行车。比如，3 挡跑 60 公里，并不是说 60 的速度时用 3 挡来跑。而是用 3 挡将车速提到时速 60 的时候升 4 挡，然后用 4 挡行车。用 4 挡行车的时候，如果车速掉到时速 60 以下，是不是一定就要减到 3 挡来行车呢？不一定！此时要看你行驶本身的需要。

行车时对速度的需要分为：加速、正常行驶、减速。如果在 4 挡行车的时候你的速度掉到时速 60 以下，比如时速 50 左右，此时分三种情况：1，要加速（快速超车等），减至 3 挡；2，只是在正常行驶，直接轻踩油门，慢慢将速度提升即可；3，继续减速，可以继续带挡溜车，根据需要再做后面的操作。

我们以前强调用 3 挡时速 70 是基于如下情况而言：

1. 改变车的以往习惯。车的传动比虽是固定不变的值，但对应不同的挡位，车的表现就不会一样。如果你觉得你的车肉，没劲，可以用低挡高速强制行驶一段时间。车子是很“聪明”的，它会“记忆”你的驾驶习惯。这样磨一段后，你会感觉到你的车与以往的不同。

2. 清除或防止发动机积炭产生。隔断时间定期低挡高速跑一跑，有利于防止积炭的产生、甚至能清除已经产生的积炭（如果不是很严重的话）。平时不是老这样做的，是视车况的需要而做。而且每次低挡高速的时间不宜过久。为什么？不是毁车，是费油。

3. 加速。即想要在瞬间将速度提起，如（超车、躲避紧急情况等），4 挡速度掉到 50 左右时（姑且时速 40 ～ 60 间吧），减至 3 挡。这也是平时对低挡高速需要最多的时候。毕竟平时超车、躲避紧急情况的时候不多。

4. 获得大钮矩。如上坡，载重时提速、弯中克服离心力等。此时减挡未必是为了高速跑或将速度提高，纯粹是车辆负（拖）重过大的需要。此时，虽然绝对速度不快，但对当前挡位而言，还是属于“低挡高速”的范畴。

4.4 方向盘转动过大缩短助力泵寿命

方向盘朝逆时针或顺时针方向转到底，称作方向盘打死。用于汽车以及其它交通工具短距离，使得交通工具可以以较小的移动距离完成较大幅度的转向动作。方向盘转动角度过大：由于经常使用，助力泵也是车辆上易损的部件。驾驶员在打方向时，当打到头时回一点，不要让助力泵长期处于一种绷紧的状态，将有利于延长助力泵的寿命。

知识重要指数：★★☆☆☆

养护汽车必知常识

1. 驾驶员在握方向盘时，应当掌握一个正确的姿势，才能灵活的使用。
2. 应用双手将方向盘围绕，掌握一个适当的力度，不要过紧也不要过松。
3. 握住方向盘时，手肘应略微弯曲。
4. 方向盘的尺寸应以手掌可全部包围为准，不能太粗或太细。方向盘的材质、款式则以个人舒服为准，手感较差的方向盘可选择合适的方向盘套加以调整，方向盘套要注意保证吸汗、透气、防滑，必要时也可戴着作用相同的手套驾驶汽车。
5. 学车移库时，很多人习惯了打死方向。其实，因为常常使用，助力泵也是车辆上易损的部件，经常打死方向，会让助力泵长期处于绷紧的状态。因此，尽量不要将方向盘打到底，即使在极端情况下，方向打死的持续时间也最好不要超过 10 秒。

4.5 开车、停车换挡太急也伤车

平时开车时我们总可以看到，一些心急的车主在离合没踩到底时就忙着挂挡，这样不但挡位难以准确挂入，而且长期这样操作，对手动挡车型的变速箱是一种致命的损伤。

自动挡车型虽然不存在踩离合换挡的问题，但不少驾驶员在车辆没有完全停下来时，就匆忙挂上P挡，变速箱同样难以承受这种车况与操作不符的情况。

知识重要指数：★★★☆☆

养护汽车必知常识

加挡要领。汽车加挡前，应根据道路、交通情况，平稳的踏下加速踏板，逐渐提高车速，这一过程称为“冲车”。当车速适合换入高一级挡位时，立即抬起加速踏板，踏下离合器踏板，将变速杆移入空挡位置；随即迅速抬起离合器踏板并立即再次踏下，同时将变速杆换入高一级挡位，然后边抬离合器踏板，边徐徐踏下加速踏板，使汽车继续平稳行驶。根据情况用同样的方法，换入更高一级的挡位。

减挡要领。放松加速踏板，迅速踏下离合器踏板，将变速杆移入空挡，随即放松离合器踏板，右脚快速踏一下加速踏板（加“空油”），再迅踏下离合器踏板，将变速杆移入低一级挡位，按快-停一慢的要领放松离合器踏板，使汽车在新的挡位继续行驶。

停车应该先挂P挡，还是先拉手刹？有些细心车友发现，在凹凸不平的路面上停车时，挂了P挡然后再松刹车后，车辆会前后晃一下，觉得这样会对车子内部齿轮部件造成冲击，伤及爱车。其实，真正把车停稳以后，先拉手刹还是先挂挡，问题都不是很大。问题是，有些车友比较心急，往往车还没停稳，就急着挂挡，就会出现前面的问题。所以，稳妥起见，停车建议先拉手刹，再挂P挡；起步建议先切换挡位再放手刹。

4.6 过减速带不减速易伤减震设备

速带减速带是安装在公路上使经过的车辆减速的交通设施，形状一般为条状，也有点状的，材质主要是橡胶，也有是金属的，一般以黄色黑色相间以引起视觉注意。有些司机没有速度感，或者对路况、车况不熟悉，不知道通过减速带时应该降到合适的速度。其实，这样很容易伤到减震设备，甚至会导致油门失效，非常危险。除了过减速带以外，经过车道之间的分道器、上下马路牙子，都要注意控制车速。

知识重要指数：★★★☆☆

养护汽车必知常识

经常开车的朋友在过减速带时都会绕到减速带最右面的空隙处，让一侧的车轮从减速带通过，而另一侧的车轮从空隙处驶过，其实这样的做法是不对的。因为经常单边绕行减速带的话，一侧前轮定位失准幅度将明显超过另一侧，也就是说会出现一边高一边低的现象，这样就会冲击到轮胎、悬架和转向机，长此以往，汽车就会受到损伤。如果车轮因此出现跑偏现象，应该及时做四轮定位，减少轮胎的磨损，增加行车安全。除此之外，在过减速带时首先要降低车速，在到达减速带前可以先踩一下刹车，制造一个缓冲，如果后方没有车辆的话，还可以让车轮稍斜一些通过，这样也能减低车辆的震动，从而更好地保护悬架。

4.7 油箱太满和油箱用干都是错

很多车主图省事，经常将油箱加满满的，但有车主认为不必要加满，减轻车辆自重可以省油。油箱经常不加满的现象并不少见，一些车主常常只加小半箱油，临近耗尽时再加油。其实，这两种做法都是错误的。

知识重要指数：★★★☆☆

养护汽车必知常识

汽油加太满了，首先是不安全。为了防止汽油体积膨胀涨破油箱，在油箱的顶部都设计有一个通气孔。

如果油加得太满，汽油很容易从通气孔中溢出。浪费汽油也就算了，万一溢出的汽油遇到明火，很容易发生火灾，那损失可就大了。

油箱油加得太满也极易造成通气孔堵塞。通气孔一旦堵塞，油箱内就会产生负压，从而造成供油不畅，甚至供不上油。汽车出现刚加完油后发动机打不着火的情况，或者高速行驶时出现一蹿一蹿的现象，有可能就是由于油箱加得太满造成的。

加油过多还会造成一个危害：进到碳罐里的是汽油液体而不是汽油蒸气，对碳罐构成危害。碳罐是减少汽车燃油箱、化油器内汽油蒸发物排放的装置。正常碳罐的寿命应在5万公里以上，但是浸油后，立刻报废！活性碳罐一般靠近外循环进风口，因此当碳罐饱和压力过大而泄压排气时，还会有含汽油成分的空气进入车厢内。

经常油箱黄灯亮起很久才去加油，甚至把油箱用干，也会损车。燃油太少，油泵会暴露在空气中不利于散热，空气和杂质还可能随着汽油进入油路，影响油泵，发动机和三元催化的正常工作，严重的会导致油泵烧毁，三元催化中毒失效，发动机就更加会受到影响。

所以，加油一般加到八九成就可以了。不要为了凑整数油费，油箱加满了不要勉强再加。

4.8 93 号、97 号汽油混着用

有些新车主爱车心切，会使用更高标号的汽油，因为他们觉得，97 号汽油更贵，肯定更好。有时赶上油箱见底，赶到加油站又没自己车子所用标号的油，为了继续行驶，有些车主就会将不同标号的油混用。不同标号油尽量不要混用，短时间混用不会对汽车造成大伤害，长期混用则危害不容忽视。

知识重要指数：★★★☆☆

养护汽车必知常识

使用什么型号的汽油跟发动机的设计有直接的关系，一般发动机压缩功率越大，所要求的汽油型号越大。

不同标号的油混用，长时间将影响汽车点火系统、喷油嘴及火花嘴的使用寿命，使车辆的大修时间提前。

混用不同标号油后，一般不需要特殊保养，只是在条件允许的情况下，按照车辆本身的要求使用相应标号的油就可以了。

混用不同标号的油，短期对车不会造成太大影响，如果出现动力不平稳的情况，可以检查一下油路。油都有胶质，燃烧后都会产生一定的积碳，短期混用不同标号的油并不会产生大量的积碳。

如果要更换油标号，最好还是等到油箱快要见底时，再加注另一标号的油。

如果频繁更换油标号，建议到 4S 店进行油路检查。

4.9 停车不拉手刹害处大

在驾校学车的时候教练就会告诉学员，汽车停稳之后要拉紧手刹，防止汽车溜车，这是标准停车动作不可缺少的一步。但城市中一般的道路都比较平稳，就是不拉手刹一般也不会发生溜车的现象。所以很多司机都没有停车拉手刹的习惯。也正是因为这样，近几年到处都可以听到因为没有拉手刹汽车滑到河里的事故。自动挡汽车也是一样，在P挡位置时，变速箱有一个锁止装置将齿轮锁住，对车辆能起到一定的防滑动作用，但与手刹将车子锁止的力量是不同的。若是在坡路上停车，挂上P挡不拉手刹，会对变速箱内部造成压力，甚至结构损坏。因此，推进P挡的同时也记得要拉起手刹，确保安全之余还能保护变速箱。

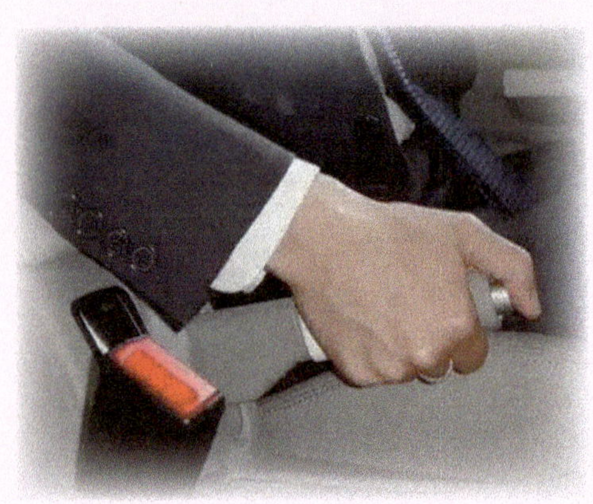

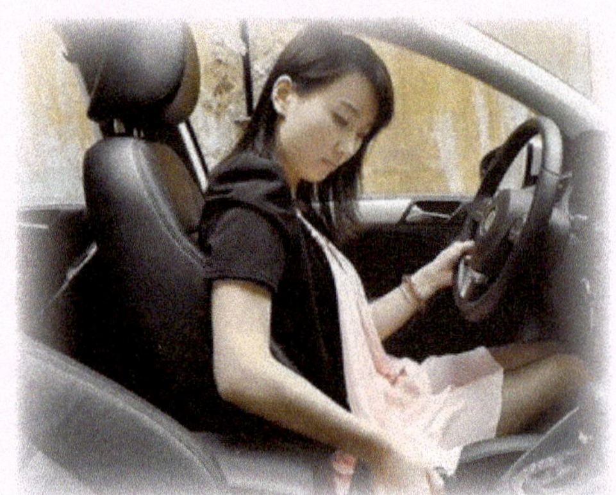

知识重要指数：★★★☆☆

养护汽车必知常识

1. 汽车停稳后，放到空挡，拉紧手刹。这个操作的关键是要汽车停稳之后再刹车，不要在行驶中就拉手刹制动，这样停车会增加刹车系统的负荷。

2. 在行驶中尽量不要用手刹制动，手刹制动的只是后轮，如果用手刹制动很容易让后轮抱死，产生侧滑，让汽车失去控制。

3. 如果你的汽车手刹有问题，千万不能大意，刹车系统一定要确保正常。

4. 有些车主担心，经常拉手制动，手刹弹簧会变形，长此以往会导致手刹损坏。从机械零部件的疲劳损伤来说，长时间手刹处于拉紧状态不太好，但是从安全角度来说，还是建议拉手刹。

4.10 用雨刮器刮冰雪伤雨刮器

在北方的冬天，经常能看到路边停着的车会把雨刮器立起来——这是为了防止下雪时，雨刮器和玻璃被冰冻住损坏。南方，大雪天比较少见，所以很少人有这样的习惯。哪怕有少量冰霜盖住了雨刮器，打开雨刮一般也能轻松地刮掉冰雪。可是，这样做很容易损坏雨刮器及橡胶条。

知识重要指数：★★★☆☆

养护汽车必知常识

1. 要除冰雪，可以先启动发动机，打开车中的暖风，用汽车玻璃专用冰雪铲，自冰缝间慢慢铲除冰块。

2. 车玻璃结冰的原因是，人离开车后，车内还残留着热气，使得车玻璃的温度高于车外，雪花落在玻璃上时先融化，在融化的过程中，车内温度逐渐降低到与车外相同的时候，玻璃上融化的雪水开始结冰；结冰后再落上的雪花就不再融化了，像棉被一样盖在冰面上。

3. 如果采取雪后给车子洗热水澡的做法，那是对爱车的摧残，因为温度的骤然变化会伤害车漆，使它逐渐失去光泽，而车的挡风玻璃也有可能在倾泻的热水中炸裂。

4. 雪后洗车也不能用冷水直接冲洗，尤其是发动机升温后，车前部温度较高，用冷水清洗会造成急速降温，对表面油漆很不利。此时正确的洗车方法是，发动车子打开车上的暖风系统，然后再用温水擦车。

5. 雪天的时候，你可试着在一天用完车后，不是立即锁上车走人，而是将两侧门打开通风，等车内的温度降至与车外差不多的时候，打开电源，用雨刷器将挡风玻璃上残留的雪水刷干净，这时再关上车门，锁好车。第二天早晨，只要把挡风玻璃上的积雪一扫，雪下面没有冰，马上就可开车上路。

4.11 熄火了还用电伤电瓶

汽车蓄电池的电能，需要依靠车辆行驶过程中不断对其进行充电。一旦车辆熄火，蓄电池就处于只放电不充电的工作状态。如果熄火后仍然长时间使用车内大功率用电器（例如大灯、音响等），可能很快会导致蓄电池彻底放电、车辆无法启动的严重后果。

知识重要指数：★★★★☆

养护汽车必知常识

很多车主，到了夏天没有关空调的习惯，停车直接熄火，开车点火也带着空调启动，这样也会伤车。尤其启动时如果经常开着空调，容易造成发动机负荷太大受损。而停车直接熄火，空调出风口会滋生霉菌。正确的做法是：停车前先关闭空调压缩机，但不要关风量，让风继续吹一两分钟再熄火；开车时等发动机启动 2 分钟后再打开空调。

4.12 长时间热车对发动机不利

在大多数人的观念中，总认为一大早（或长时间未用车）要用车时，在发动车子以后以怠速原地热车，等个三五分钟再上路，这样对车最有益。很多老司机有热车的习惯，可能 20 年以前教练也会这么教。

其实不需要特别花力气去热车，只要注意刚起步时不要一下把速度拉得太快就行。反而，如果长时间热车，会对发动机、三元催化器不利。而且，原地热车时间长，浪费汽油又污染环境，很不环保。根据一项统计数字显示：引擎机件部分的磨损，有超过百分之九十的比例是在冷车发动后三分钟内造成的。所以掌握热车的方法。

知识重要指数：★★★★☆

养护汽车必知常识

正确的热车方法：

在发动后 30 秒至一分钟后上路。但此时千万勿以高转速行驶，应保持在低车速，引擎转速以不超过 3000 ～ 3500 转为限。

夏季、冬季都需要热车，冬季的预热时间要比夏季长一些。但是，需要强调的是，热车并不是时间越长越好，很多朋友进入了热车的误区。其实只要发动机能够达到稳定且正常的怠速就可以行车了。

电喷车在怠速热车时，切忌为了节省热车时间，而采取大油门的方式提高水温，这样不但会增加油耗，严重的有可能造成烧瓦。

另外，不只有发动机需要做适时的“热身运动”，变速箱、油压动力辅助系统，甚至轮胎等也要做“热身”。以变速箱为例，冬季气温寒冷，变速箱内部的润滑油基本凝固了，不是正常温度下的流动状态。它内部的润滑不像发动机，是靠齿轮转动带起润滑油来润滑的。

4.13 长期不用空调要不得

有的车主觉得长期使用空调有很多负面影响，索性就让空调长期闲置，以为这样可以省钱省事。其实，空调和所有的电子、机械类的产品一样，长期闲置会诱发很多“病症”。长时间不用空调，会导致其橡胶圈老化，空调内部各部件上的润滑油也会挥发，各通风管道还会沉积灰尘等。因此，定期启动空调能让各部件接受润滑油的润滑，维持良好状态，这是非常必要的。

知识重要指数：★★★☆☆

养护汽车必知常识

1. 为了让空调保持最佳的工作状态，即使在冬季，最好也每周启动空调一次。工作时间不用很长，一般 2 ～ 3 分钟即可。

2. 空调在夏季到来前，必须进行维护，如通过储液罐检查制冷液及空调滤芯是否过脏、散热器是否有异物等。同时，首次使用空调时，应注意观察空调系统是否有异响、异味等。如果正常，也不要正常使用，应运转 2 ～ 3 分钟后关闭空调开关，约 5 分钟后再次启动。

5

保护修复漆面，就这样简单

漆面是汽车的脸，人们都喜欢开漆面干净有光泽的汽车。但我们在用车过程中不小心碰撞或刮蹭，或汽车在静止状态，被人故意划伤，导致漆面脱落；有的保养不善，导致漆面老化失去光泽。遇到这样的情况，爱惜汽车的车主问问会将汽车开到修理店去解决问题。其实，修复漆面很简单，很多车主都不必求人，自己就可以完成。

5.1 先认识汽车漆面再修复

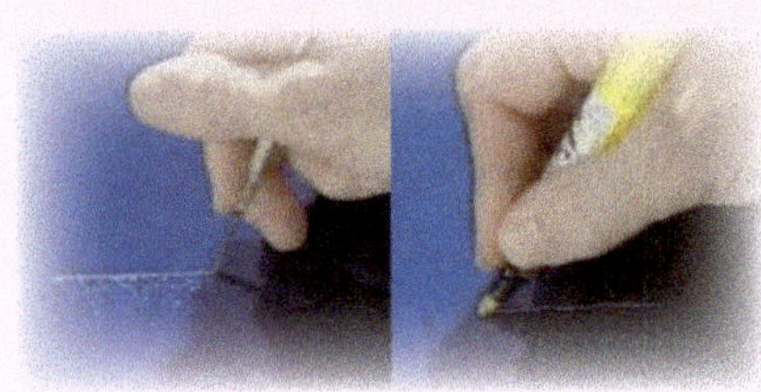

汽车漆的构成可以分为：底漆、色漆、清漆，每一层都有一定的厚度，叫做“漆膜”。当漆面出现伤痕时，如果只是在清漆的表面，可以通过抛光处理；如果漆膜破了，必须要进行漆面修复。

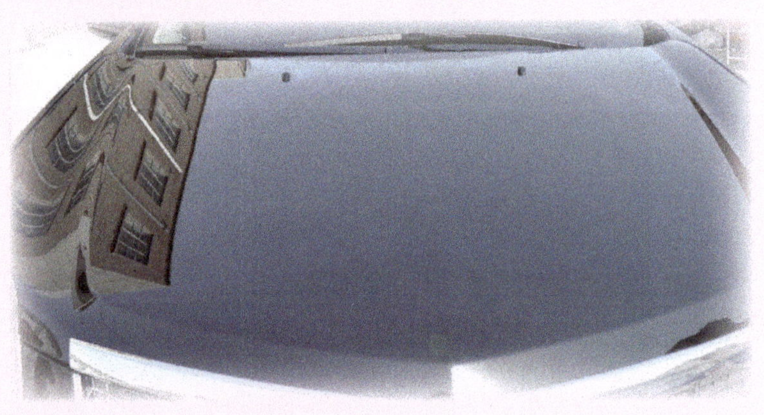

知识重要指数：★★★☆☆

养护汽车必知常识

1. 轻微刮花的漆面的损伤部位是在面漆的表层，对于汽车本身的伤害不是很严重，所以是可以通过打蜡完全修复的。

2. 如果刮痕再深一点，部分面漆被刮掉，但没有伤及底漆也没有严重的变形，我们同样可以通过打蜡来较好地恢复漆面。是否伤及底漆的判断标准是：对于车身不是白色的车辆，观察车身刮痕的颜色，如果刮痕颜色和车身漆面颜色一致，则表明没有伤及底漆；对于车身为白色的车辆，由于底漆一般是白色的，判断底漆是否刮伤则要靠喷漆师傅的经验了。

3. 通过车身上的刮痕呈白色，这说明刮伤已经伤及底漆。要修复这种漆面损伤，我们需要把相应部位的车漆磨掉，然后进行钣金修复，最后重新喷上各层的油漆。这种修复虽然麻烦一些但是却是最有效的。汽车不同部件喷漆和修复的价钱是不同的；油漆也分为进口油漆和国产油漆。进口油漆有更好的色泽，经过较长的时间也不会褪色或变色。

5.2 抛光

一辆汽车在使用几年，经过风吹雨打、太阳暴晒后，车漆难免会出现粗粒、砂纸痕、反白等漆面表面的细小缺陷，让车面看起来暗淡无光。为了弥补这些缺陷，就需要对车漆做抛光处理，以提高漆膜的镜面效果，达到光亮、平滑、艳丽的要求。

知识重要指数：★★★★☆

养护汽车必知常识

1. 抛光不宜多做

抛光就是把表面受污染或损伤的漆层打磨掉，抛光后的漆层将会变薄，它是一种损伤性的修复，所以，抛光不宜多做，一辆车“一生”中的抛光次数最多不要超过5次。否则，车面会变得越来越薄，自我保护能力也越来越差，最终导致不可逆转的老化，缩短汽车的使用寿命。

2. 如何进行抛光

(1) 需要清洗整车，以免颗粒灰尘在研磨中造成新划痕；

(2) 如果漆面有粗粒、流痕等缺陷，要用水砂纸蘸水包在一个小橡胶衬块内，将漆面打磨平整；

(3) 用机用研磨机加上粗研磨膏，对水砂纸的痕迹进行粗磨，并加研磨膏进行抛光细研磨；

(4) 等研磨抛光结束后，擦净研磨抛光膏，立即用棉纱蘸上光油蜡把抛光部位全部擦一遍。

如果车主想检测抛光后是否达到了光滑的效果，可以用烟盒外包装上的透明纸来摩擦车身，如果感觉到凹凸不平，说明氧化层没有去掉，中间简略了研磨剂的使用，只是用砂纸来代替磨平划痕。

5.3 车漆褪色的养护

车辆长时间使用后，涂膜会发生失光的现象，这主要是由大气中的油烟、尘埃、工业落尘等污染物造成的车漆褪色与变色。当发生褪色现象时，一开始车漆会出现不均匀的色差，长时间受到污染后，车漆中的颜料就会与污染物发生化学反应使颜色产生改变，甚至还会出现蚀痕。

知识重要指数：★★★★☆

养护汽车必知常识

1. 要想防止褪色的发生，车主要尽量将车停放在有屋顶的地方，并经常给车打蜡；

2. 如果已经发生褪色，轻微的可通过打腊研磨抛光来解决；如果褪色严重，就必须重新烤漆了。

3. 车主要勤洗车，洗车时应使用专用的清洁用品，这样也可以减轻车漆褪色速度。

4. 如果车身漆面出现锈蚀，但并不是很严重，可以先用极细的水砂纸蘸水轻轻磨去锈斑，完全擦干净后，再涂上一层底漆，以保证锈迹不扩大。

5.4 轻度划痕的修复方法

开车无论怎样小心，都无法避免一些轻微的刮蹭。对于因刮蹭而留下的划痕，去汽车美容店似乎没必要，但若不加以处理，又容易导致汽车漆面生锈，这对汽车的保养显然不利。

知识重要指数：★★★☆☆

养护汽车必知常识

1. 涂研磨蜡

用细或中切的研磨蜡涂在划痕上即可，因为涂上研磨剂后，使车表层漆的分子重新得到了排列，使得边上的表层漆挪来修复了伤口。

2. 涂原厂漆

先用非常细的水砂纸蘸水，按同向直线打磨的方式，轻轻磨去划痕表面的锈斑，然后再涂上一层底漆，等底漆干了后，再用水砂纸将其磨平，在底漆之上将原厂漆涂上即可。如果没有原厂漆，可以购买一支补漆笔，用补漆笔进行上色处理。

3. 涂去痕蜡

将优质的去痕蜡涂抹到车痕表面上，并一直反复打圈擦拭刮痕处，直到看不出痕迹为止。之后，等去痕蜡干了，再将其细细清除掉即可。

4. 涂牙膏

发现车身有新的轻微划痕时，或将牙膏轻轻地、以抹圆圈的方式涂在划痕处。如果下雨或洗车后，再涂一下。但这样只能短期内减轻划痕印记，也可以简单地起到隔绝作用，防止生锈，长期解决还要在汽车进行全面保养时彻底将其补好。

如果车面被溅起的小石子或沙子等硬物撞击而出现点式掉漆，车主不用到修理厂做专业处理，自己就可以解决，那就是用一支与车身同色的补漆喷补即可。喷补时，要将喷头直接对准掉漆点，并掌握喷漆力度。

5.5 防止汽车漆面锈蚀痕迹

有经验的车主都为车子漆面上的锈痕烦恼过，尤其是遇到阴晴不定的天气的时候，一些质量不佳的车漆或者是使用时间长的车子都容易产生锈蚀现象，那么车主应该怎样消除这些锈痕呢？

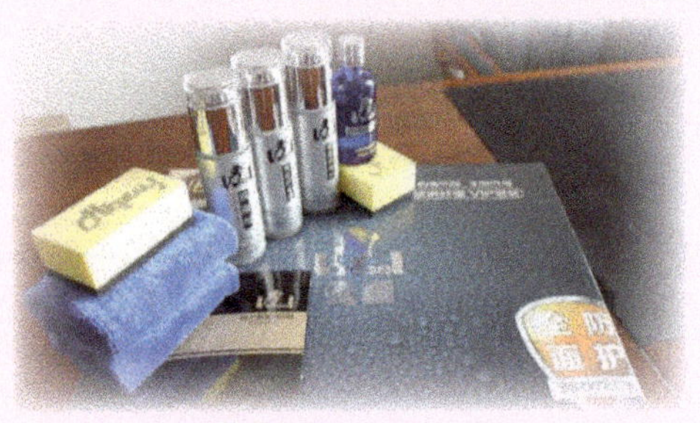

知识重要指数：★★★☆☆

养护汽车必知常识

1. 手脚麻利，勤洗汽车。汽车经过雨雪后一定要冲洗，因为酸雨、化雪剂里含的盐分等都会腐蚀汽车。清洗汽车外表时，最好使用高压水或热水。

对于粘附在车体上的斑点，应清洗干净，否则会更容易造成锈蚀。清洗时，注意要疏通车门及车身各部的排水孔。

2. 检查地毯，保持干燥。在汽车车厢的地毯下，常常会有积水、水汽和灰尘，容易导致生锈，应经常检查地毯的下层是否保持干燥。为了杜绝车厢里的霉菌蔓延，一定要将在潮湿气候下容易霉变的杂物清出车厢，如座椅下的抹布、遗留在杂物箱里的饼干盒等。

3. 避免碎石，装挡泥板。驾驶汽车时，前车胎弹起的小石块造成的点撞会使漆面出现一个个剥落的小点，产生小锈斑。因此，如果汽车长朗在盐碱或碎石路面行驶，就应加装挡泥板，这样可以有效地保持汽车的清洁，同时也能避免碎石飞溅。

4. 车库通风，保持干燥。停放汽车时，避免停在潮湿而密不透风的车库里。如果在车库里清洗汽车，或汽车通过潮湿或积雪的路面后，车库也会被弄得潮湿，致使汽车生锈。即使车库很干燥，如果通风不好，而汽车又潮湿，同样会生锈。

5. 牙膏妙用，简单处理。车上放一管普通牙膏，发现有小小的新增痕迹，就随手涂上一点。下雨或洗车后，别忘了再涂一下，这种简单的处理方法可以在短期内防止锈蚀。

6. 新的刮伤，预防诱蚀。如果是新的刮伤，可擦净后直接涂上底漆，也可事先买一支补漆笔，等涂上的底漆干了后，再用水砂纸将其磨平，然后用补漆笔进行上色处理，这样可以预防锈蚀。

5.6 新手怎么修补小锈斑

车身外观经常会出现锈蚀，这主要是碰擦后钣金金属直接与外界接触造成的。除了常见的碰撞、刮伤、长期停放日久生锈外，还有一种情况，就是行车时前车车胎弹起的小石块造成的点撞，会使漆面出现一个个剥落的小点，产生小锈斑，这种小痕迹常常被人们忽视。因此，在平时定要定期检查车体、发动机盖和车身四周，一旦发现小痕迹就马上处理。

知识重要指数：★★★☆☆

养护汽车必知常识

1．擦亮眼睛，定期检查。平时要定期检查车体、发动机盖和车身四周，一旦发现产生小锈斑，就要马上处理。不要等小锈斑变成了大锈斑再去处理，那就得不偿失了。

2．出现锈蚀，及时处理。已经出现锈蚀，并且锈蚀不很严重，可先用极细的水砂纸蘸水轻轻磨去锈斑，完全擦净，涂上一层底漆，可保证锈迹不会扩大。

3．快干油漆，修补裂痕。如果发现车体油漆层有裂纹等痕迹，应立即用快干油漆修补，以防由此开始生锈。如果已锈蚀到金属部分，就应到修理厂补漆。

5.7 小划痕可以自己去修补

修补汽车划痕时，不要不分青红皂白，均采用整件总成甚至全车喷漆的方法。其实，对于大多数小的划痕，采取何种修补方法应视情而定。

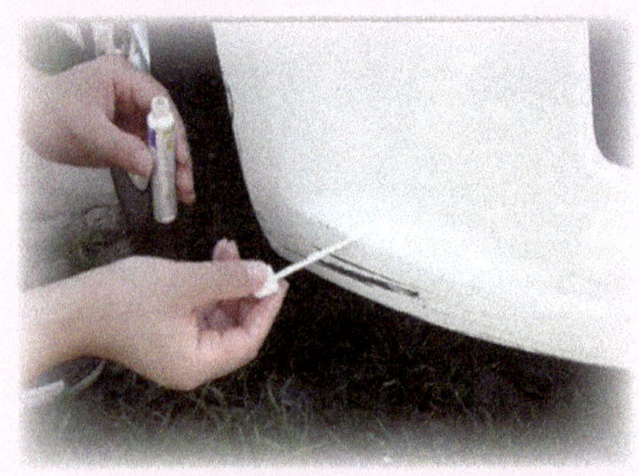

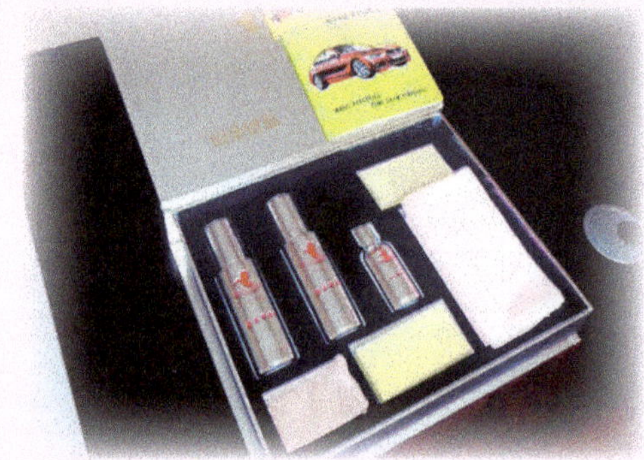

知识重要指数：★★★☆☆

养护汽车必知常识

1. 临时防锈，涂上牙膏。发现有新的小伤痕时，把普通的牙膏轻轻地以抹圆圈的方式涂在划痕处；下雨或洗车后，别忘了 再涂一下。这样，一般可减轻划痕印记，也可以简单地起到隔绝作用，临时防锈。如果是白色车漆，效果最为明显。

2. 细微划痕，抛光恢复。如果不小心有了细微划痕，可以用抛光的方法恢复车漆的光亮。用抛光轮配合抛光增艳剂，除去汽车漆附着的杂物和氧化层，使细微的划痕拉平，同时药剂渗入车漆，发生还原变化，达到增艳如新的效果。

3. 较深划痕，涂修饰漆。如果出现了较深的伤痕，先看是否露出了金属面，如果看不到金属面就不会生锈，可以专心地涂上修饰漆，用笔尖一点一点地点上去，然后等漆完全干。

4. 深细伤痕，彩色油灰。如果出现了很深很细长的伤痕，用彩色油灰可以修补得很好：伤痕处用砂纸，不要随便将伤痕面扩大，重要的是将脏污清除干净；油灰要仔细地涂抹，使之完全进入内部；最后涂上混合剂、上蜡，结束工作。

5. 划痕露底，尽快去修。如果车身的划痕已经露出了底漆，要尽快到划痕快修店去修，以免划痕部位生锈，腐蚀周围漆面。

6. 车身贴纸，巧盖划痕。如果汽车有了划痕，而你想省钱又想好看，那就自己动手在划痕处贴一些车身贴纸或装饰牌巧妙盖住，这也是一个不错的办法。

5.8 汽车封釉车漆就不会褪色

封釉就是经过多道工序处理后，在车漆表面形成一层类似陶器制品外表涂层的保护膜，具有隔紫外线、防氧化、柢御高温和酸雨的功能。封釉能提高漆面硬度，使耐高温和抗紫外线的特性更好，有利于保护车漆。缺点使持效时间短，有一定的腐蚀性。车漆封釉，就是通过专门的封釉机（振抛机）将高分子釉振压到车漆内部，形成一种牢固的网状保护层，从而达到保护车漆的目的。做完封釉的汽车就像有了一层隐形车衣，车身再也不怕紫外线的照射和酸碱、风沙的侵蚀，甚至不怕火烧。同时，因为保护剂内部含有紫外线吸收剂，可以与空气隔绝，不被氧化，所以存留时间长，保护车漆不会褪色。

知识重要指数：★★★☆☆

养护汽车必知常识

封釉施工所需的设备和工具，主要有封釉机（振抛机 ）、吹水枪、纸胶带和红外线烤灯等。

1. 清洗车身，保持干净。用清水将车身漆面的粉尘、细砂粒彻底冲洗干净。

2. 车表缺陷，砂光处理。如果车身表面有轻微划痕、氧化层、斑点、橘皮等缺陷，应进行砂光处理。方法：选用 2000 号的水砂纸砂光漆面。砂光时应不断加水冲洗漆面，使漆面上没有砂尘，以免造成划伤。砂光中应根据车漆的强度和车漆的使用情况确定砂光所用的力度，并且要均匀用力。一般砂光后的漆面呈哑光漆样，并略有微小亮点为最佳。需要注意的是，砂光部位应根据漆面情况确定，对无缺陷或边角等部位不要砂光或轻微砂光，以免造成砂露底漆。砂光时，不要砂到装饰条、密封条、镀铬条、门把手和不应砂光的部位，以免造成不必要的损伤。

3. 配抛光剂，进行抛光。用研磨 / 抛光机配合抛光剂对漆面进行抛光。

4. 清除蜡层，擦干车身。先用除蜡水清除漆面蜡层，然后用清洗剂擦洗车身，最后将车身擦干，车身缝隙中的水要用吹水枪吹干。

5. 橡胶部件，合理遮盖。用纸胶带把车身上所有橡胶部件以及车标、字母等都粘贴起来。如果有塑料护板，也一定要用遮盖纸等把护板挡起来，以防粘上釉后难以清理。

6. 振涂封釉，抛出亮光。把釉倒在车身上，用封釉机把釉从头到尾涂一遍，振涂时速度要慢要均匀，然后轻微提起封釉机，使封釉机轮快速转动，抛出亮光就可以了。需要注意的是，封釉后不要急于擦洗漆面。车封釉后，会看到一些釉的痕迹，这是正常情况。8 小时内不可擦洗漆面，因为在这段时间内釉层还没有完全凝结，将继续渗透，如果冲洗将会冲掉没有凝结的釉。

7. 用烘烤灯，烘烤漆面。为了使釉更好地渗入漆面，可用烤灯拱烤封釉漆面。烘烤封釉漆面时，时间不能过长，烤灯与漆面距离不能过近，否则不等漆面软化，附着在漆面上的釉就先烤干了，从而影响封釉效果。

5.9 漆面镀膜与封釉的区别

漆面镀膜可在漆膜表面涂镀一层硬度高、弹性强、抗氧化的保护膜。这种保护膜所用材料不含任何石油成分，不含研磨材料，而是由金属原子、氟素高分子体、透明纤维分子采用特殊工艺精制而成的，具有防护力强、光洁明亮、清洗方便、无副作用、效果持久等特点，较好地克服了以往漆膜保护产品容易氧化的问题。

目前，市场上漆面镀膜的操作工艺有电喷镀膜和手工镀膜两种类型。手工镀膜工艺类似于封釉施工工艺，只是材料不同，主要由漆面清洁、研磨抛光、手工镀膜等工序构成；电喷镀膜是通过喷枪，将色彩还原魔幻蜡细化至0.01毫米粒度喷涂于车漆表面上形成一层保护膜，然后再用无纺布抛光，从而实现镀膜。

养护汽车必知常识

车漆镀膜与封釉的不同点

1. 产品原料不同：封釉产品中的“釉” 是从石油中提炼出来的，再加上一些辅助原料配制而成，受原料所限，容易氧化，无法解决不持久的问题。镀膜产品中的“膜”是从植物以及硅等环保又稳定的原料中提炼合成的，避免了在车漆表面造成“连带氧化”的问题，并可长期保持效果。

2. 操作工艺不同：封釉时，为 使 “釉” 与车漆充分结合，要用高转速的封釉机把釉加压封入漆层，在这种压力作用下经常会造成漆面损伤。镀膜采用了温和的涂抹和擦拭的附着方式，靠 “膜”本身的分子结合力附着在漆面上，避免了漆面损伤。

3. 作用效果不同：封釉是将“釉” 加压封入漆层中，与车漆结合到一起，其优点是与车漆融为一体，增亮效果明显，但是，因为釉本身的易氧化性，所以会连带周围的车漆共同被氧化，导致漆面发污，失去光泽。镀膜采用抗氧化原料和稳定的合成方式，并以透明的“膜” 的形式俯着在漆面，避免漆面受外界损伤，同时也避免了保护剂本身对车漆的影响，可以长期保持车漆的原厂色泽，而且由于“膜” 本身结构紧密，很难破坏，所以可以大幅度降低外力对漆面的损伤。

4. 划痕处理不同：当封釉的漆面出现划痕时，一般通过研磨的方式进行处理，即用高转速研磨 / 抛光机将划痕磨平；当镀膜的漆面出现划痕时，一般通过填充的方式进行处理，即用低转速研磨 / 抛光机配合海绵盘，将透明的填充剂填入划痕中并抹平。因此，在处理划痕时，填充的方式可大大降低了漆面的损耗。

6

更换补给油液，你可以不去 4S 店

对于汽车的一些油品，比如机油、变速箱油和玻璃和玻璃水等这些油液的更换，不少车主朋友都没有概念，大多车主都认为按期或用完了去修理厂添加就可以了，其实，去修理厂添加这些油液不仅麻烦和造成不必要的浪费，而且价格比较昂贵。车主可以学学自己动手给汽车更换补给油液，这样，不仅会方便自己，更会降低用车的成本。

6.1 玻璃水的用法及汽车玻璃保养

汽车玻璃水广泛用于汽车玻璃、后视镜及家用玻璃、办公室玻璃、门窗玻璃、装饰玻璃等多种玻璃的快速去污、光亮清洗。

知识重要指数：★☆☆☆☆

养护汽车必知常识

1. 选用优质玻璃水

优质玻璃水使用的水不是自来水，而是去离子水，在去离子水的基础上加以各种添加剂，从而达到各种车主想要的效果。而劣质玻璃水一般都是自来水为溶剂，添加一些清洁剂和酒精勾兑而成。差的玻璃水不仅不能达到清洁效果，而且由于酒精等物的腐蚀，会使雨刷变硬，雨刷变硬再清洗挡风玻璃时，就会对玻璃造成划痕，并对人体会有伤害。所以选择优质玻璃水尤其重要。

2. 根据环境选择玻璃水

玻璃水的选用需要根据汽车的自身情况和行驶环境衡量，因为没有绝对优质的玻璃水。像有些优质玻璃水就含有融雪融冰的功能，在北方的冬季会很受欢迎，因为汽车的行驶环境是极易下雪，并且足够寒冷。在海南等高阳光强度的地区，建议使用一些含有防眩光的玻璃水，这样在清洗过程中就会对光照有一定的反射作用，从而保护司机的视线不受光照影响，可以安心驾驶汽车。在一些风沙比较大的地方，建议使用玻璃水配方中含有抗静电以及去污能力好的玻璃水，因为风沙较大，天气又干燥，很容易造成静电，造成不必要的麻烦。

3. 记住更换玻璃水的位置

添加玻璃水时，务必记住玻璃水的位置，而不要加入到防冻液或其他液体中去，以避免出现损车的严重后果。

6.2 防冻液的正确供用

冷却液，又叫“防冻液”，全称叫防冻冷却液，冬季由于气温比较低，为使汽车在冬季低温下仍能继续使用，发动机冷却液都加入了一些能够降低水冰点的物质作为防冻剂，保持在低温天气时冷却系统不冻结。

知识重要指数：★★☆☆☆

养护汽车必知常识

1. 稀释防冻液

为了便于运输与储藏，有些防冻液加工成浓缩液状。使用时必须加水稀释，才能取得最佳的防冻效果。最好使用去离子水或蒸馏水稀释，不得已时也可使用冷却后的开水稀释，切不可使用自来水、地下水或地表水稀释。否则，易导致水垢的产生或加重对冷却系统的腐蚀作用。加水稀释的比例，应依据防冻水箱冷却液外包装上的使用说明，结合使用地区和季节确定。

2. 用水箱清洗剂浸泡水箱

加注防冻液前一定要对发动机冷却系统进行一次认真的清洗，因为有些车主在整个夏季都用水做冷却液，使发动机冷却系统内结下了一层水垢。为防止这些现象的发生，在加注防冻液前，应使用水箱清洗剂浸泡水箱一个小时，再将清洗液排放。

3. 然后用软化水反复冲洗 2～3 次，以清除发动机冷却系统中原积存的水垢，冲洗完后才能加注防冻液。

如果没有上述无条件，也可以不这么复杂，添加些防冻液到水箱后放掉就可以。加注防冻液前要检查发动机冷却系统有无渗漏现象，并应及时排除后才能使用防冻液。

6.3 汽车液面检查

汽车液面的高低或多寡直接关系着爱车各系统是否正常运行。

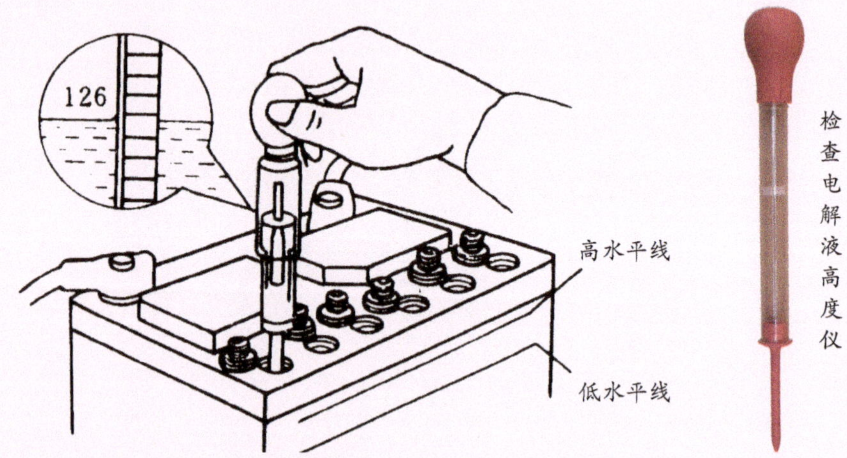

知识重要指数：★★★☆☆

养护汽车必知常识

1. 检查冷冻液面高度

车在正常使用中，每月应该至少检查一次冷却液的液面高度，如果气候炎热，检查的次数应该多一些。检查时不必打开散热器，观察冷却膨胀箱中的液高即可。

2. 检查润滑油油面

车辆停后的一段时间进行，待润滑油流回油盘后再进行。检查时，抽出机油尺用干净的布揩净，重新插入再拉出机油尺，液面在MAX和MIN之间。当液面低于MIN时，应及时添加润滑油。当液面异常时，容易给汽车带来损伤或事故隐患。

3. 制动液的补充和更换

位于前制动总泵上方的制动液储液罐上有制动液液面的最高（MAX）和最低（MIN）标记。如果发现制动液少了，应及时添加。

4. 蓄电池电解液液面高度检查

若发现电解液液面过高，在大负荷工作时会引起电解液沸腾而外溢，电解液液面过低会缩短蓄电池的使用寿命，以致提前报废。蓄电池的液面位置应保持在最大和最小刻度线之间或在蓄电池内隔板以上5毫米处，当发现电解液不足时，只能用蒸馏水或专用电瓶补充液补充。

6.4 防冻液的加注及注意事项

防冻液如何加注，加注多少，都是有讲究和规定的，需要引起车主的注意。

知识重要指数：★★☆☆☆

养护汽车必知常识

1. 防冻液使用中要进行定期检查

防冻液的有效期为 2～4 年，因此使用中有连续性。对于冷却系统容积大、车辆集中管理的大型车队，为了减少浪费，防冻液加注后不要随意更换，可对使用中的防冻液实行定期定项检查，如每年可结合换季保养对防冻液进行检查。检查内容应包括冰点检查、比重检查。同时还可对使用中的防冻液进行外观检查，发现防冻液变稠、变浊、变质、变味、发泡等应及时更换。

2. 不同厂家生产的防冻液不能混加

不同厂家的防冻液配方区别很大，一般都有 5 种以上的添加剂。不同厂家的添加剂不一样，难免会出现不配伍的情况发生，也就是说可能发生化学反应。因此尽量不要混用。

3. 禁止直接加注防冻液母液

有些驾驶人员及修理人员以为防冻液越纯越好，乙二醇浓度越大越好，而直接加注防冻液母液，其实乙二醇与水的比例有一个最佳点，此时冰点最低；过了此点，如果再提高乙二醇浓度，冰点反而又会升高，不但不能满足防冻液对冰点的要求，还会出现一些意想不到的现象，如防冻液浓度、密度、低温粘度均增大，冷却效果变差，造成发动机温度高。所以在使用防冻液母液时，一定要按要求进行配制，禁止直接使用。

6.5 发动机机油油量的检查

机油加多或加少都对汽车具有一定的危害。机油加多时，汽车发动机内部机件运行阻力增大，造成不必要的功率损失，且过量的润滑油会窜入燃烧室，导致发动机烧机油，尾气排放超标、冒蓝烟，机油消耗量明显增大，发动机内部积碳还增多，甚至导致早燃、爆震、拉缸，严重损害发动机。加少时，汽车发动后就会引起烧瓦造成严重发动机故障，一般少会使发动机磨损加快，在坡度大的路段行驶也会烧瓦。

知识重要指数：★☆☆☆☆

养护汽车必知常识

1. 检查机油油量

首先把车辆停在水平地面上，关闭发动机后，耐心等待一会儿。20 分钟后，取出机油尺并擦净油迹，插入机油尺导孔，再拔出察看。油位在上下刻线之间，即为合适。如果超出上面的刻线，应放出多余的机油；如果低于下刻线，应从加油口处添加。

2. 检查机油质量

取两片洁净的白纸，在纸上分别滴下同种新机油和正在使用的机油各一滴，取机油时要注意清洁。如果正在用的机油中间黑点里有较多的硬沥青质及炭粒等，表明机油滤清器的滤清作用不良，这说明该换滤清器了，但并不说明机油变质；如果机油中间黑点较小且色较浅，周围的黄色痕迹较大，油迹的界线不很明显而且是逐渐扩散的，说明机油仍可继续使用；如果黑点较大，且油是黑褐色，均匀无颗粒，黑点与周围的黄色油迹界限清晰，则说明机油已变质，应及时更换。

6.6 发动机机油变质的检测方法

有的车主想最大限度地使用机油，但不知机油是否发生质变了？是不是该换机油了？车主常为此而烦恼，不知道如何判断。

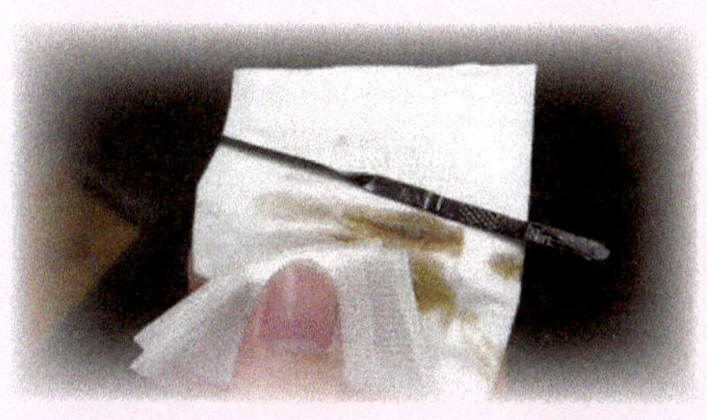

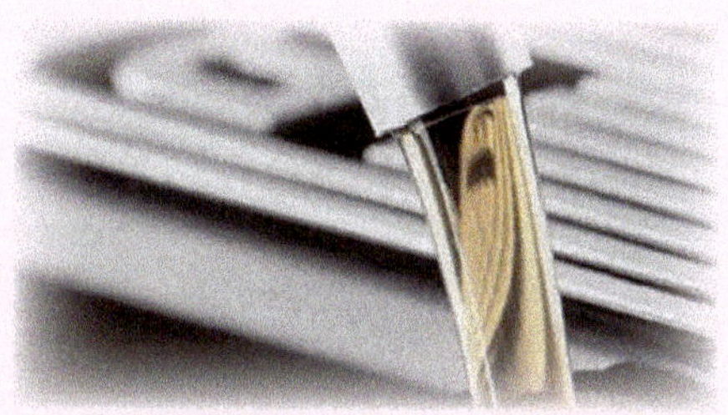

知识重要指数：★★★☆☆

养护汽车必知常识

1. 通过闻味

合格的机油闻起来没有特别的气味，只是略带一点芳香，车主可抽出机油尺凑近鼻子闻一闻，如果闻到极强的酸臭味，说明机油已经变质，应该更换。

2. 通过手指研磨

车主将取出的旧机油用大拇指与食指反复研磨，如果是质量好的机油，手感有润滑性、磨屑少、无摩擦的感觉。如果研磨时，感到有杂质，黏性差，甚至有些发涩，就应该更换了。

3. 通过颜色辨别

车主可以找一张干净的白滤试纸或者是好一点的面巾纸，然后将数滴旧机油滴在纸上。等机油渗漏后，质量好的机油会呈现出无粉末、黄色浸润带清晰状，而且用手摸上去感觉干而光滑。质量不好的则会呈现出深黑褐色，摸上去感觉有杂质，这时就应该更换了。

4. 通过光照

车主可取出机油尺，然后高举45度，在光照下面观察机油油滴，如果清晰地看到油滴中无磨屑末，说明是良好的。如果磨屑末比较多，说明应该更换了。

5. 通过油流辨别

车主取两只量杯，将其中一个盛放上有待检查的机油，另一只则空放在桌面上，然后再将盛满机油的那只量杯举高离开桌面30～40厘米并倾斜，并让机油慢慢流到空杯中，察看其流动情况。如果是质量好的机油，其油流时应该是细长、均匀、连绵不断的，如果机油出现油流忽快忽慢、时而有大块流下的现象，则说明机油已变质，需要更换了。

6.7 机油变黑莫急换

机油在使用过程中出现变黑的情况是常见的，对于一些不了解情况的车主来说，这时候最直接的反应是机油该换了。其实，遇到这种情况，车主先不要急着换机油，应先检查机油变黑的分布情况，以此来判断是否需要更换机油了。

知识重要指数：★★☆☆☆

养护汽车必知常识

车主不要单凭机油的颜色来判断其是否还能使用，机油是否变黑，和能否继续用并没有必然联系。车主没办法自测变黑的机油是否能用，但可用下面的方法来辨别。

1. 辨别因添加清净分散剂而变黑的机油

机油的正常使用颜色应该为黄色或者金黄色，当它使用一段时间后，就会出现轻微的变黑，这种情况其实是正常的，这是因为在机油成分中添加了高性能的清净分散剂，它会对沉淀在机油内部的沉淀物进行部分清理，于是分散在了油中，产生了变黑的情况。

2. 辨别变黑部分较多的机油

当机油在使用一段时间后，车主发现变黑的部分比较多，这时候也不要急于更换机油，之所以变黑，可能由劣质机油引起，或是由错误的驾驶习惯引起，比如急刹车、低速转弯等这些操作都会加快机油变黑的现象。如果机油变黑是由使用劣质机油引起，解决办法是及时更换合适的机油；如果是由驾驶习惯引起的，解决办法是及时改正错误行车方式。

3. 辨别深度变黑的机油

如果机油看起来特别黑，可能就要考虑更换机油了。一般情况下，一年之中需要更换四次机油，如果超过行车里数或者变黑是由驾驶错误方式引起，那么就需要提前更换机油了。

6.8 发动机机油的排放

机油，即发动机润滑油，被誉为汽车的“血液”，能对发动机起到润滑、清洁、冷却、密封、减磨等作用。发动机是汽车的心脏，发动机内有许多相互摩擦运动的金属表面，这些部件运动速度快、环境差，工作温度可达 400° C 至 600° C。在这样恶劣的工况下面，只有合格的润滑油才可降低发动机零件的磨损，延长使用寿命。

换机油是一项基本的保养活动，常常由保养的 4S 店负责更换。在欧美一些国家，换机油的程序常常由个人完成。

知识重要指数：★☆☆☆☆

养护汽车必知常识

1. 把车辆停在平整的地面或汽车提升装置上，启动发动机，进行发动机暖机。

2. 关闭发动机，拉紧驻车制动器，打开发动机盖及加机油口盖。

3. 抬起车辆后，在放油螺塞下部放置废机油回收桶，按逆时针方向旋转放机油螺塞，打开放油口，放出机油。

4. 放完机油后，更换放机油螺塞密封垫，按顺时针方向拧紧放油螺塞，规定拧紧力矩：15 ～ 20 牛 • 米。

6.9 发动机机油的选用和更换

不同的品牌和型号的汽车，在不同的季节，采用不同的机油。如何为爱车选用和更换发动机机油呢？

知识重要指数：★★☆☆☆

养护汽车必知常识

1. 机油的选用

(1) 原车使用手册是第一号的选用依据，推荐等级以上的机油都可以放心使用。

(2) 在相同条件下，质量等级越高的机油当是更适用的机油，在经济条件允许的情况下，尽量选择质量等级高的机油。机油桶的外包装上都会有等级说明。

(3) 夏季选用黏度大的机油，冬天选用粘度小的机油。

(4) 尽量用复级机油，即既有黏度等级又有质量等级，如 5W-30 机油。

(5) 同种型号的汽车，新车选机油时，可以选黏度大一点的，随着使用年限的增加，粘度选用可以稍稍降低。

2. 发动机机油的更换

(1) 将汽车废机油排放后，再进行机油加注，找到发动机缸盖上的机油加注孔并打开。

(2) 将机油加注至适当位置，如果经验不多，可随时用机油尺测量。

3. 加注机油注意事项

(1) 补充机油时应防止杂物进入，不要使油面超过油尺的 F 线，否则会导致发动机产生故障。检查机油油量时，如果机油油量超过了 F 线则有异常，应及时检查排除。

(2) 擦机油尺时请使用干净的抹布，以免杂物混入发动机而产生故障。

(3) 发动机机油消耗量随行驶里程的增加而增加，特别是在恶劣的环境下驾驶时，应随时检测机油油量，不足时要及时补充。

(4) 在机油油量不足的状态下驾驶车辆，将导致发动机损坏。

(5) 发动机机油起润滑与冷却作用，而且能提高发动机性能，延长发动机使用寿命。

6.10 汽油发动机机油的加注

加注机油是养护汽车的基本项目，加注的多少和品质都是有讲究的。

知识重要指数：★☆☆☆☆

养护汽车必知常识

1. 从发动机加机油口注入车辆制造商规定粘度的高品质汽油发动机专用机油，直至油位达到机油尺上的满油位标记即可停止加注。

2. 盖上发动机加机油口盖，使发动机怠速空转 5 分钟后停止运转。隔 3 分钟后拔出机油尺检查机油油位是否处在正常油位位置。

3. 最后还需检查发动机油底壳放油螺塞、机油滤清器密封接口处是否有泄漏现象，如有可适当拧紧再运转发动机检查。拧紧后泄漏还存在则应查明原因并更换新件重新装配。

拧紧后的发动机油底壳放油螺塞

4. 发动机机油的更换必须根据更换周期来进行，更换时建议使用 SE、SF、SG、SH 或 SJ 级发动机油。

6.11 机油加错的处理方法

给汽车加错油这件事听起来似乎不靠谱，但确实有这种情况发生。汽车如果加错了油液，且进行了错误的操作，对汽车的损伤则是致命的。

知识重要指数：★★★☆☆

养护汽车必知常识

1. 加的是劣质油

如果加的品质太差，可能会产生严重影响。一旦汽车启动，劣质的油品不仅会堵塞燃油系统，还会造成汽车发动机产生积碳，甚至严重的还会损坏发动机。所发，如果加完油后，车主怀疑错加了劣质油或者发现发动机无法启动，此时不要再强行启动，而应及时联系 4S 店，交给专业人员处理。

2. 错加低标号油

每辆汽车的使用手册上都标明了适用的标号油，如果不小心将低标号的油加到了自己车子上，先不要着急，可以查看一下汽车使用手册上厂家推荐的燃油标准，如果标注是使用 90% 以上的汽油，而车主用油一般加 95%，只要被错加的不太多一般都可以正常启动。如果错加太多，只能及时联系维修厂将油全部放掉再做处理。而为了汽车部件不受到损伤，即便加得不多，也应使用燃油添加剂稍作补救。

3. 柴油和汽油换位加错

如果车主发现将柴油加到了汽油车上，将汽油加到了柴油车上，这种情况下必须及时联系修理厂，将油品全部放干净，同时还要清洗油箱和系统，并做全面检查。否则，之后启动汽车时，会出现抖车、冒黑烟等不良状况。

6.12 更换汽车刹车油按顺序

有的车主认为汽车刹车油是不需要更换的，其实这种想法是不对的。当刹车油使用一段时间以后就需要更换，因为经过一段时间，它的刹车泵里的皮和活塞会有磨损，油品质量会下降，刹车沸点也因混合杂质纯度不高而下降，吸潮的功能因为混入水之后很容易受潮，造成刹车片表面生锈，从而影响到安全问题。

知识重要指数：★★★★★

养护汽车必知常识

一般情况下，每两年就需要更换一次刹车油，但如果汽车在行驶过程中，总是出现制动忽轻忽重的情况，即便刹车油没有使用两年，也应及时更换掉。此外，为了安全着想，车主最好每行驶 1 ～ 2 万千米就检查一次刹车油。

在更换汽车刹车油之前，车主应先将制动系统清洗干净后再进行操作。更换刹车油时需要两人配合操作：一人负责放油，另一人负责踩住刹车板进行添加。

在更换刹车油时，应当按照先远后近的顺序进行，即先后车轮，再前车轮的顺序进行操作。由于刹车系统的管路是形似“X”布局，因此为了避免新、旧刹车油混合，车主可以在换油、放气的时候从左后车轮或者右后车轮开始进行，如果第一个放左后车轮，那么下一个就放右前车轮，接着放右后车轮，最后放左前车轮。更换刹车油时，刹车油会在一人反复踩制动踏板的时候喷出，这时候车主要注意刹车油液面，及时添加新的刹车油不要让空气趁机进入。

车主应定期检查刹车油，看出否有漏油现象，如果车辆刹车油的瓶子外观不太透明，只通过视觉很难看出是否漏油，这时最好打开盖子观看，如果缺油应及时添加同品牌的刹车油。

6.13 定期检查变速箱油液

汽车变速箱分为手动和自动两种，现在大部分汽车使用得都是自动变速箱。自动变速箱的油液在具有变速箱油润滑效果的基础之上，还可以向液力变矩器提供专用油液的传动油，同时能够保持排挡系统的清洁。

知识重要指数：★★☆☆☆

养护汽车必知常识

对于自动变速箱的油液，车主要定期检查并更换。

首先，要经常检查自动变速箱油的油液位置是否正常，检查时，将变速箱油预热到50℃左右，再将挡位杆在每个挡位停留2秒钟左右的时间；然后，放到停车挡，这时车主再查看油液位置，如果油面位于最高与最低线中间位置，说明是正常的，如果达不到，应及时添加相同品质的油品。

一般情况下，当变速箱油使用时间达到两年，或者行驶路程达到4万公里时就应更换，这是为了避免用油时间过久产生油垢，从而对变速箱造成一定损伤。

更换变速箱油时，要这样做：

1. 先将汽车架起来，再找个大器皿垫在汽车底下，以备接废油用。
2. 再用合适的螺丝刀拆下变速箱的里、外壳，然后小心地卸下变速箱油过滤器，这时候就会清晰地看到用于控制挡位切换的电磁阀。
3. 摘下油底垫圈，去除周边的污渍，并用棉丝将所有清洁过的变速箱油过滤装置擦干净。
4. 逐一安装变速箱过滤装置，安装时先固定两个对角，再全部拧紧。
5. 最后加入原厂的油品，更换油液就完成了。

车主不要混用自动变速箱润滑油，否则会造成变速箱的摩擦片损坏，出现离合器、制动器打滑等现象，严重的还会毁掉摩擦片。另外，自动变速箱油的工作温度一般在120℃左右。

7

易损部件更换保养，这些可以自己做

汽车跟人一样，时间长了，如果不注意日常保养，一些零部件很容易出现问题，影响行车安全。汽车易损零部件，顾名思义就是汽车零部件中那些最容易受损、需要及时更换的零部件。像火花塞、雨刮片、刹车片、皮带、滤芯五大易损零部件，是经常需要更换的，但这些是不是也可以自己动手去更换呢？答案是肯定的。

7.1 汽车雨刷的养护

雨刮器是雨雪天气行车安全的重要保证，因此我们要细心地选购与保养它。

知识重要指数：★☆☆☆☆

养护汽车必知常识

1. 正确清洗雨刷

在洗车或冲洗雨刷器时，先将雨刷抬起，顺胶条方向冲洗干净，力道要轻。

2. 查看雨刮器橡胶条是否老化

将雨刮器拉起来，用手指在清洁后的橡胶雨刮条上摸一摸，若叶片老化、硬化、出现裂纹，则说明此雨刮器不合格。

3. 尽量避免高温曝晒

夏日强烈的高温会对材质造成很大的破坏，在每次停车之后最好把雨刷竖起来，以避免雨刷一直和高温的玻璃贴合。

停车后最好把雨刷从玻璃上剥离

4. 检查刮水状态

如果橡胶的接触面与玻璃面无法完全贴合，产生擦拭残留，则说明此雨刮器不合格。

5. 电动机有无异常噪声

如果雨刮器电动机"嗡嗡"作响而不转动，说明雨刮器机械传动部分有锈死或卡住的地方，这时应立即关闭雨刮器开关，以防烧毁电动机。

6. 不要使用含氨清洁剂

所谓含氨清洁剂，就是一般家用洗衣皂或者其它家用清洁品，是造成胶条硬化的杀手，所以建议车主还是帮爱车选择汽车专用的清洁剂。

7. 防止异物侵害

行车前，最好用柔软的布擦拭雨刷胶条接触面，使落在上面的异物剥离。此外，雨天过后应尽快冲刷爱车；冬季清洁玻璃结冰和积雪时，切记不要用雨刮器硬刷，否则雨刮片会损坏。

8. 按期检查和更换雨刮器

按期检查，雨刮片最好半年至一年就要更换一次。

9. 养成优越的使用习惯

车主平时不要干刮，要先喷点水再开雨刮，这样做有益于保护雨刮片。

7.2 轮胎的更换

更换轮胎虽然比较容易，但是司机们必备的养护爱车的本领，否则，有一天轮胎万一出现问题，就会遇上不必要的麻烦。

知识重要指数：★★★☆☆

养护汽车必知常识

1. 拆车轮。先用千斤顶把将车辆举升到合适的高度，然后用扳手将车轮固定螺丝松开，一般有五六个固定螺丝，将螺丝取出来之后再将车轮从轮毂上取下来。

2. 扒轮胎。将取下来的车轮放气、去掉轮辋上的平衡块，然后用扒胎机将轮胎从轮辋上分离下来。

3. 装新胎。旧胎取下来后，将新胎按方向套在轮辋上，然后用同样的方法将未装好的轮胎固定在扒胎机上，通过手工辅助扒胎机转轮旋转的方式将轮胎套进轮辋。装好之后给轮胎充气，充气的过程中会听到轮胎两声爆响，此时说明轮胎到位。

4. 装车轮。将更换好轮胎的车轮安装在轮毂上，打紧螺丝。调整每个轮胎的胎压，进行胎压复位，最后进行试车。

需要注意的是，更换新胎后都需要做动平衡。因为轮胎安装在轮辋上后通常都不可能 100% 的均匀分布重量，使用平衡机测试轮胎轮辋在运动情况下的平衡性，在不平衡点使用平衡块配重，确保轮胎可以平顺行驶，避免抖动。另外，更换新胎时，需更换新的气门嘴。因为气门嘴属于橡胶制品，存在老化周期问题。当换上新轮胎时，虽然当时气门嘴没有看出问题，但在新轮胎的使用周期内，气门嘴可能会提前老化，造成安全隐患。

7.3 汽车车门易损件的养护常识

汽车车门是一个空间较小、但结构较为复杂的精密部件，里面的装置包括门锁、玻璃升降器、喇叭、防撞梁、防水层和隔音层等。

知识重要指数：★★★☆☆

养护汽车必知常识

那么，在日常生活中，如何养护汽车车门易损件呢？

1. 经常润滑车门铰链

由于车门经常开关，而且每个人在操作时的力度和幅度都不同，所以车门铰链的磨损很大，久而久之会出现车门闭合不紧的情况。所以，要经常保持车门铰链的润滑，才能降低磨损程度，并做到轻松开关车门。

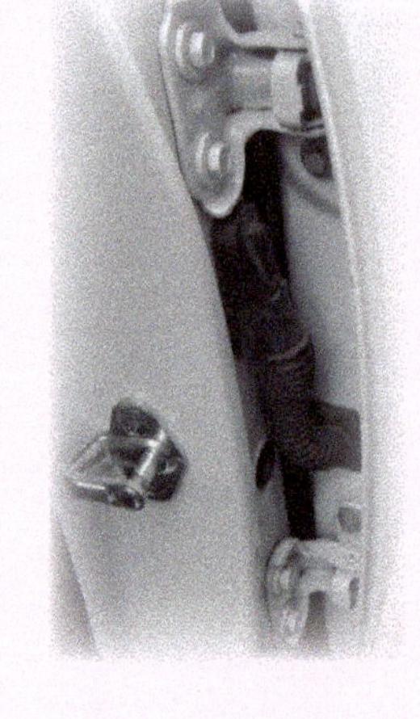

2. 定期涂抹密封条保护剂

通常，密封条的缝隙之间很容易塞满沙尘，应该用刷子经常清理沙尘。之后再涂覆一层高渗透性的保护剂，以便防止密封条老化。如果密封条损伤严重或老化程度较大，需要更换新密封条。

从外表上看，密封条似乎和车身牢固地粘结在一起，实际不是。更换密封条并不难，在修补密封条或在密封条表面涂抹保护剂时，最好把密封条拆下来，这样工作起来十分方便。

红圈处为车门胶条

3. 定期检查螺丝松紧，避免升降机故障

现代轿车基本采用按钮式的电动升降方式，即电动玻璃升降器。

7.4 节气门养护之清洗与安装

节气门清洗是节气门养护的重点，清洗的好坏直接影响发动机的性能。

知识重要指数：★★★★★

1. 节气门清洗

(1) 节气门完全拆下来

节气门旁边会有一个插头，在拆除节气门之前需要将插头拔下。插头可能比较紧，可以借助小螺丝刀在插头四周撬一撬，整体松动后就容易拆下了。

(2) 彻底清污

摘下节气门以后观察就方便很多了，节气门内部的污物还是很多的，尤其是边角，转轴附近的位置都是藏污纳垢的死角，要彻底清除干净。

(3) 擦拭节气门

全部喷涂到位以后，应当用棉布进行擦拭。为了擦拭的更彻底，此时我们可以摘下手套直接用手接触棉布擦拭节气门内部。

若真的很脏不得不用手掰动清洗，一定要轻、要小心。清洗结束后可以内外检查一遍，没有问题就可以进行安装了。

2. 节气门安装

(1) 固定节气门的四个螺丝

可以先用手拧，因为手比较敏感，手拧后可以再用工具固定紧。插头的安装需要使点劲，听见“哒”的一声后说明固定住了。

(2) 安装软管

软管的两侧会有两个小凹槽，一大一小，分别对准两侧一大一小的凸起标识处即可。软管要完全套进两头中，如果安装困难，可以左右拧动的同时进行安装。

待两头凹凸点完全对上后，用手向软管底部摸一摸，确保下方也完全套入后，拧紧铁箍上的螺丝，安装好发动机装饰盖板，清洗工作就完全结束了。

7.5 节气门养护之拆除

节气门是电喷车发动机系统最重要的部件，是汽车发动机的咽喉。车子加速是否灵活，与节气门的清洁有很大关系。

拆开的节气门

知识重要指数：★★★☆☆

养护汽车必知常识

拆除节气门

1. 先让发动机降温

最好不要停车后马上进行，因为机舱内温度较高，有可能烫伤皮肤，建议停车一段时间，待机舱温度降低再进行。开始清洗前首先需要确定节气门的位置，节气门位于进气口的后方，找到空气滤芯就不远了，每个车的位置会有所不同，一些车型的节气门会被发动机盖板所覆盖着，打开盖板查看会比较直观。

2. 拧螺丝

如果有条件的话，优先选择用套筒拧螺丝，因为螺丝刀容易使得螺丝划扣，套筒相对更安全一些。

螺丝拧松以后，双手拉住软管的一头，用力向后一退，软管就被摘下了。有些车软管可能不常拆卸或安装的比较紧，因此不太好卸，不要生拉硬拽，那样容易损坏软管，可以使劲的同时尝试左右拧动，待整体松动后再使劲退下。

3. 退下软管

退下软管后节气门就能看见了，此时节气门外围一般并不脏，真正脏的是里面。要想看里面的情况，需要拧开钥匙门，将车辆通电但是不启动车，可请一人踩下油门踏板后节气门将被打开，此时可以清楚地看见节气门内部会有褐色的污物。

7.6 火花塞的养护

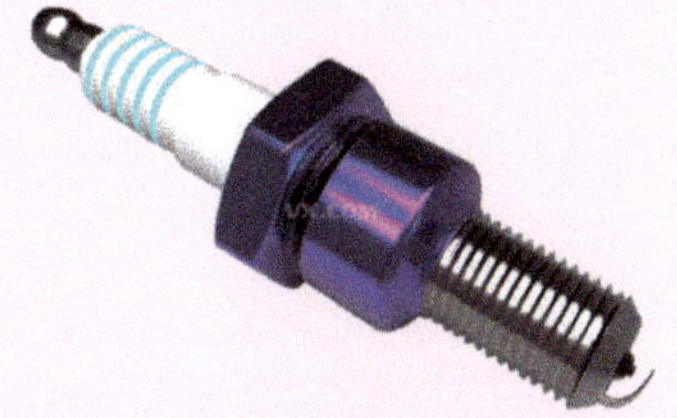

火花塞属于易损件，只有好好养护才能使用的更长久。

知识重要指数：★★★☆☆

养护汽车必知常识

平时如何养护火花塞呢？

1. 正确判断火花塞使用情况

使用中的火花塞一般可有以下几种情况：一是中心电极呈红褐色，旁电极及四周呈青灰色，为火花塞选型合适；二是电极间及绝缘体裙部有黑色条纹，说明火花塞已经漏气；三是电极间有烧蚀或烧熔现象，裙部及绝缘体呈灼白状态，说明火花塞选型过热。

2. 火花塞不要长期使用

火花塞型号繁多，但都有自己的经济寿命，如果超过经济寿命后仍然使用，将不利于发动机的动力性和经济性的发挥，影响发动机的正常工作。

3. 火花塞不要用火烧

火花塞上有油污时，应用专用设备清洁，将火花塞放入酒精或汽油中浸泡一定的时间，当积碳软化后再用毛刷刷净晾干。

4. 正确选用冷热火花塞

发动机较新时，选用火花塞应趋向热型；使用时间校长的旧发动机因性能下降，火花塞容易产生过多的积碳和被油污损，选用火花塞应趋向中型或冷型，以提高火花塞抗油污的能力。

5. 忌长期不清洁积碳

火花塞在使用中，应定期清除积碳，不要等火花塞不工作时才进行清洁。

6. 火花塞不要安装过紧

用专用工具安装火花塞时，一般不要用力过大、过猛或用梅花扳手安装时、则常会损伤火花塞瓷芯或使螺丝滑扣，膨胀槽断裂而导致火花塞报废；但也不可安装过松，否则会造成发动机工作不正常。

7. 清洁

清洁外表的方法很简单，把火花塞浸入汽油中，用毛刷予以清除，以确保火花塞外表陶瓷体不受损伤。这样养护能有利于保护火花塞，使它的寿命增长。

7.7 火花塞的更换

火花塞虽然是一个小零件，但是它的构造不简单，同时它也极其重要，一款好的火花塞能让你的车动力十足。

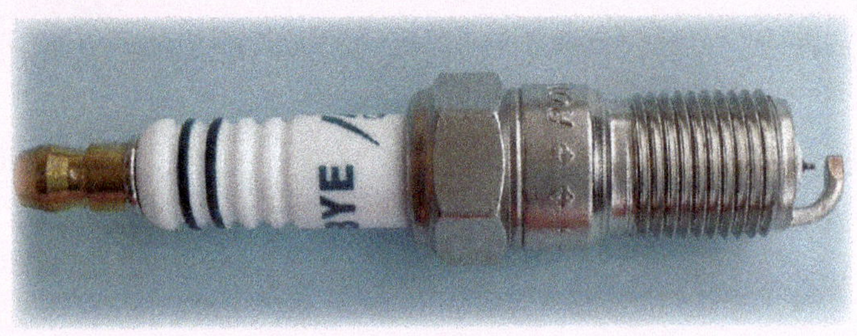

知识重要指数：★★★★☆

养护汽车必知常识

火花塞坏了，如何更换呢？

1. 安装前准备。

在准备更换前，车辆要熄火冷却一定的时间之后再开始更换。并准备好相应型号的扳手和套筒。

2. 有发动机罩的车型，需要先用螺丝刀把发动机罩取下来。

3. 清洗高压线桩头附近的灰尘和油污，然后用套筒拧下高压线桩头的固定螺丝。

4. 取下高压线桩头以后，用套筒把火花塞拧松，注意不要让灰尘进入燃烧室，保持清洁、干燥无油污，否则会引发漏电、火花减弱等故障。

5. 接下来把高压线桩头上的软管插入燃烧室内，要逐个更换，而不是全部取下之后再一起装上。

6. 在安装新火花塞时，先用套筒将火花塞对准螺孔，用手轻轻拧入，拧到约螺纹全长的二分之一后，再用套筒紧固。

7. 火花塞插入后，固定在高压线桩头内，内里的卡扣将火花塞卡紧。

8. 安装完火花塞后，拧所有螺丝的时候，要力度均匀、直上直下，以免螺口破裂。

9. 拧紧火花塞时，注意扳手尽量反正放直，避免扳手胶圈以外的部分碰触火花塞的尾部，导致绝缘瓷碎裂。

10. 在安装点火线圈的时候，注意不要把顺序弄错，按每个缸对应安装，当然，每个点火线圈的高压线长度都是不一样的，细心点就可以了。

11. 安装完成后，检查点火线圈接线，打火试车。

7.8 干式空气滤清器的保养与维护

滤清器

对干式滤芯来说，一旦浸入油液或水分，滤清阻力就会急剧增大，因此清洁时切忌接触水分或油液，否则必须更换新件。

知识重要指数：★★☆☆☆

养护汽车必知常识

1. 干式空气滤清器的清洗

对干式空气滤清器来说，清洗时应将滤芯拿到室外，注意不要使吹管离滤纸太近，以免吹破滤纸；也不要用敲打滤芯的办法来清除灰尘，这样会使滤芯损坏或变形。滤芯外部的污物可以用干抹布擦去，滤清器壳体表面及密封安装平面上的尘土，用干净的湿抹布即可擦拭干净。

2. 干式空气滤清器的日常养护

(1) 按期检查，准确保洁。清除纸滤芯上的灰尘时，应用软毛刷沿折缝方向刷去滤芯表面灰尘土，并轻小扣击端面使尘土脱落。进行上述操纵时，应用干净的棉布或橡皮塞堵住滤芯两端，以压缩空气机或打气筒（气压不得超过 0.2 ～ 0.3 兆帕，以防损坏滤纸）从滤芯内向外吹气，以吹去粘附在滤芯外表面上的灰尘。

(2) 不要用水或柴油、汽油清洗纸质滤芯，否则滤芯孔隙被堵塞，增加空气阻力；同时柴油易吸入气缸，造成装后超支“飞车”。

(3) 当发现滤芯破损，或滤芯上、下端面翘不平，或橡胶密封圈老化变形、破损，均应更换新件。

(4) 安装时，要留意各结合部位的垫片或密封圈不得漏装或错装，以免空气短路。滤芯蝶形螺母不要拧得过紧，以防压坏滤芯。

7.9 湿式滤清器的清洗与保养

湿式空气滤清器可有效地滤除进入滤清器内的空气中含有的灰尘或雨雪水珠等杂质，提高空气质量。

知识重要指数：★★★☆☆

养护汽车必知常识

1. 清洗

湿式空气滤清器清洗时，先倒掉贮油盘内的污油积垢，用汽油清洁贮油盘、滤芯、外壳和空气滤清器盖后，在壳体与盖的内表面涂上一层清洁的机油。滤芯应用干净的机油浸润后，再装入壳体中，并按规定的高度在贮油盘中加入干净机油。

2. 日常保养

（1）按期用柴油或汽油洗净滤网上的灰尘。

（2）装配时先用机油浸润滤网，待多余机油滴尽后再装配。装时应使用饼式滤网的滤网盘上十字骨架重叠对齐，并保证滤网内、外胶圈密封良好，以防进气短路。

7.10 机油滤清器的清洁保养

机油滤清器是很重要的一个零部件，属于消耗品。

知识重要指数：★★★★☆

养护汽车必知常识

保养时建议使用好的品牌机油滤清器。好的合成机油一般腐蚀性很强，使用差的机油滤清器，会把没经过处理的机滤滤纸很快腐蚀掉，滤清器就不起作用。

汽车每次常规保养，机油滤清器必须更换，特别对于新汽车来说，每次常规保养，机油滤清器必须更换。那么，如何更换汽车机油滤清器呢？

1. 确保安全的情况下，将车开到高处，机油格在右前轮的位置，钻进汽车底盘。
2. 拧开放油螺丝，准备放油。
3. 放完油，取下旧的机油滤清器。
4. 装上新的机油滤清器。
5. 打开机油盖，准备加注机油。
6. 加机油到油标刻度位置，拧好机油盖，更换完毕。

7.11 空气滤清器的更换

空气滤清器，即“空滤”。换空气滤清器是保养中很基本的项目之一。它的替换周期一般来说，城市的汽车一般行驶2万公里左右更换一次空气滤清器是比较适宜的。

知识重要指数：★★☆☆☆

养护汽车必知常识

如何更换空气滤清器呢？

1. 先准备齐全工具。

普通扳手、老虎钳、起子一把（用来拆刹车油壶的2颗螺丝，刹车油壶要临时移开一下）、普通大一点的一字或者十字起子一把（用来拆空滤盒与节气门连接处的一颗紧固螺丝，以及空滤盒上的6颗螺丝）。

2. 打开发动机舱盖，确认空气滤清器的位置。

3. 拆进气口，进气口其实也是个大塑料盒子，必须先拆掉它才能拆出后面的空滤盒。把它左边的一条连接管轻轻往左边转动一下，然后将管子拔离进气口；右边有个卡扣轻轻往右边压住，拎住它往上一提就出来了。这样，进气口就可以拎出来了。

4. 轻轻掰开两个固定盒盖的卡扣，即可将整个空气滤清器的盒盖掀起。注意：有的车型会在盒盖安装螺丝固定，要用螺丝刀将螺丝拧下。

5. 掀开空气滤清器的盒盖，将旧的空气滤清器取出。

6. 装上新的空气滤清器，盖上盒盖，扣上卡扣，安装完成。需要注意的是，在装入新的空气滤清器之前，要确认空气滤芯以及进气盒中没有水分残留。

7.12 汽油滤清器的更换

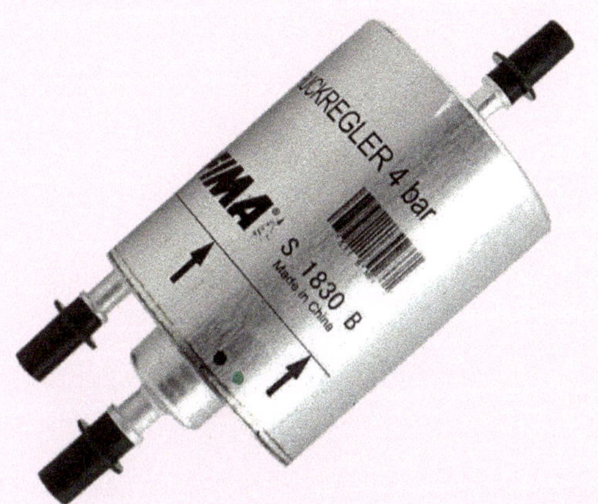

一般来说，电子控制汽油喷射式发动机的汽油滤清器，依照维修手册在汽车行驶四万公里左右进行更换。由于现在原汽油质量还达不到电喷车的使用要求，汽车每行驶两万公里左右需要更换一次。

养护汽车必知常识

到了更换时，汽车滤清器如何进行更换呢？

1. 释放燃油系统的油压

汽油喷射式发动机为了利于再次启动，在发动机熄火后，燃油管路内仍保持着较高的燃油压力。在拆卸燃油管道，更换汽油滤清器时，应先释放掉燃油管道内的油压，以免松开油管接头时大量燃油喷出造成人身伤害或火灾和燃油的浪费。

释放燃油压力时，先启动发动机，接着在发动机运转中拔下电动汽油泵电源插头（或电动汽油泵继电器），待发动机自行熄火后，再转动启动发动机，起动发动机 2 ～ 3 次，燃油压力即可完全释放；最后，关闭点火开关，装上电动汽油泵继电器（或插上电动汽油泵电源接线）。

2. 从输油管路中卸下汽油滤清器，同时应注意汽油滤清器进油口端与出油口端正的方向。

3. 按照正确的安装方向，装上新的同型号的汽油滤清器，再接好所有燃油接头。

4. 将流出的汽油擦净，后将点火开关旋至 ON 位置再关闭，如此反复进行数次，使燃油系统建立起油压。

5. 启动发动机，检查汽油泵连接处是否漏油。

7.13 蓄电池的更换

更换蓄电池虽然简单，却具有一定的危险性，所以要小心。

知识重要指数：★★★☆☆

养护汽车必知常识

1. 要戴好防护眼镜，并将汽车熄火，关闭汽车的电器设备，连接到汽车供电线路上以后，必须重新调整数字时钟、收音机频道、座椅位置和转向盘位置等，因为它们都有记忆系统。

2. 检查要更换的新蓄电池的外观是否有损伤，搬运的时候禁止在端子部位受力，以防端子损伤和密封部位裂开。

3. 将蓄电池的负极桩及其电缆接头部位涂抹一层凡士林或润滑脂，以防极桩和接头氧化腐蚀。

4. 连接蓄电池正极，并盖好正极绝缘胶套，再连接蓄电池负极接线柱电缆，然后将螺丝拧紧。

5. 再压板，然后拧紧蓄电池固定架，如果蓄电池底部有固定螺栓的，需要拧紧螺栓。

6. 起动发动机，检查蓄电池安装是否成功。如果属于高档汽车，可以查看一下仪表显示灯是否有异常，如果安装有错误，仪表处的显示灯会提醒。

车主不要随便给汽车更换比原蓄电池容量大的蓄电池。因为汽车发电机的发电量是固定的，如果换了大容量的蓄电池，会使新蓄电池充不足电，汽车不能顺利启动，而且蓄电池长期亏电会缩短寿命。

8 汽车功能部件，养护好了用得久

汽车的一些功能部件与驾驶安全密切相关，它们代表了汽车的各种功能，对于汽车来说，这些功能缺一不可，否则，将容易发生安全事故。所以，汽车功能部件虽小，但带来的安全隐患却不少，值得每一位车主密切注意。

8.1 喇叭的养护

汽车喇叭既可以提醒路人或其他车辆注意安全，还可以提醒行车舒适度，所以养护好喇叭是必须的。

知识重要指数：★★★☆☆

养护汽车必知常识

1. 调整喇叭的音调

调整喇叭的音调时，应注意铁心与衔铁四周的间隙要均匀、平正、不能歪斜，否则工作时容易发生互相碰撞，使喇叭产生杂音；调整喇叭音量时，需要反复调整，因为电喇叭音量的大小与通过喇叭线圈的电流大小有关，通过的电流越大，音量就越大，反之音量就小，调整触点压力可以改变音量。喇叭音量和音质的调整是互相关联的，因此需要反复调整才能获得最佳声音。

2. 经常检查喇叭螺钉

经常检查喇叭、紧固喇叭和支架的固定螺钉，保证其搭铁可靠。

3. 不要用水冲洗喇叭

洗车时，不能用水直接冲洗喇叭筒，以免水进入喇叭筒而使喇叭不响，发现喇叭进水尽快用风枪吹干。

4. 不要长时间按喇叭

不要长时间按住喇叭不放，喇叭连续发音不得超过 10 秒，以免损坏喇叭。

5. 注意喇叭各部件的位置

在检修喇叭时，应注意各金属垫和绝缘垫的位置，不可装错。

6. 定期检查喇叭的电路

定期检查发电机输出电压。电压过高会烧坏喇叭触点，电压过低（低于喇叭的额定电压）喇叭将发出异常声音。

7. 保持喇叭的可靠性

保持喇叭外表清洁，各接线要牢靠，不可将各类异物放入喇叭，以免造成异常音。

8. 喇叭安装需要缓冲支架

喇叭的固定方法对其发音影响较大。为了使喇叭的声音正常，喇叭不能做刚性安装，因而固定在缓冲支架上，即在喇叭与固定支架之间要装有片状弹簧或橡皮垫。

8.2 车锁保养不善很麻烦

随着车辆电子化程度的提高，现在大部分车辆的原车钥匙都配备了遥控器，只要手轻轻地一摁，车门就轻松地打开了，于是车钥匙就被搁置到一边，很少用到了。但意外难免会发生，一旦遥控器没电了，就必须用到钥匙，而钥匙长时间不用已生锈发涩，这时又该怎么办呢？除了原地等待维修站人员的救援，也别无他法。此时若有急事，必定会误事。

知识重要指数：★★★☆☆

养护汽车必知常识

平时要做好对车锁的保养，不能因为它看起来不起眼，而忽视了它。不然，麻烦就来了。

1. 提前做好预防

为了防止打不开车门的情况出现，车主最好保持两个月用钥匙开一次锁芯的频率。平时，对门锁定期检查，并根据使用频次、磨耗情况，每隔 6 至 12 个月检查或保养一次。

2. 车锁生锈

车门锁芯生锈主要是因为车主长时间不使用，或者是不小心进去雨水导致的。对此，车主只需给其上点油就行，目的是让其起到润滑作用。如果生锈很严重，可以买一些车锁专用松动润滑剂。

给锁芯上油后要注意清洁钥匙的表面，以防止钥匙表面粘附的灰尘被带入锁芯。此外，在用钥匙开锁时注意锁芯孔内、周围是否有异物，以防止异物进入损坏锁芯。

3. 车锁被冻结

这是生活在北方的车主在冬季常会遇到的问题，在下雨或下雪的低温下，渗到车锁中的水会将车锁牢牢冻住，钥匙根本插不进去，或是插进去之后却拧不动，以致车门无法打开。此时，可以考虑用温热的水浇到锁孔处，慢慢化解冰冻即可。切记千万不要用力强行拧动钥匙，以免造成钥匙损坏。

4. 车锁彻底坏掉

汽车车门锁芯彻底坏死是最差的结果了，这时车主就要考虑更换新的了。更换锁芯的方法很简单，只要将汽车门板上的螺丝钉和卡扣卸掉，再抽出锁芯更换就可以了。

车锁为非密封的形式，在使用过程中，其润滑脂会慢慢减少；加之外部环境中风沙雨雪的侵蚀以及环境温度的变化，这些因素都会对润滑脂的性能造成影响，使其越来越差。最后就无法正常开关车门和后备箱了。

8.3 刹车片的养护

刹车片当磨损到极限位置时，必须更换，否则将降低制动的效果，甚至造成安全事故。制动蹄片关乎生命安全，必须谨慎对待。

知识重要指数：★★★★☆

养护汽车必知常识

1. 定期检查

定期到汽车 4S 店进行配套检查，查看发卡等相关部件是否松动或移位。发卡松动会导致左右两块刹车片磨损程度不同，缩短使用寿命。

2. 定量检查

正常行驶条件下每行驶 5000 公里对制动蹄片检查一次，发现不正常情况必须立即处理。

3. 定期检查刹车片厚度

制动蹄片一般由铁衬板和摩擦材料两部分组成，一定不要等摩擦材料部分都磨没了才更换蹄片。

4. 使用原厂提供的刹车片

更换时要换原厂备件提供的刹车片，只有这样，才能使刹车片和刹车盘之间的制动效果最好，磨损最小。

5. 正确更换刹车片

更换蹄片时必须使用专用工具将制动分泵顶回。

6. 试踩刹车

更换完刹车片后，一定要踩几脚刹车，以消除蹄片与制动盘的间隙，造成第一脚没刹车，易出现事故。

7. 谨慎行驶，尽量减少紧急刹车

制动蹄片更换后，需磨合 200 公里方能达到最佳的制动效果。此后，车主行驶尽量减少急刹车，这样刹车片将获得更长的使用寿命。

8. 加强整套汽车刹车系统护理

一般来说，每年更换刹车油，超期后，含水量容易导致刹车时产生高温将水汽化，这就会降低汽车的制动效果。

8.4 车灯的养护

车灯是爱车的“眼睛”，更是汽车在黑暗中安全行驶的保障。那么如此重要的部件，保养是必须的。

知识重要指数：★★★☆☆

养护汽车必知常识

1. 对车灯进行日常检查

检查各种不同类型的车灯（譬如转向灯、尾灯、雾灯等）是否正常工作，检查前大灯的照射方向是否有偏移，灯光亮度是否足够。

2. 清洗发动机舱后要晾干

汽车的发动机舱需要定期清洗，但是清洗后水一定要晒干。避免水汽导致车灯不能正常使用。

3. 定期更换灯泡

灯泡用久了就会变暗，照射距离会变短，直接影响黑夜行车，是一个非常大的安全隐患。此外，换灯泡的时候不要用手直接接触，以免污染灯泡，减缓灯泡的使用寿命。

4. 经常擦拭灯罩

一般来说，车灯罩都是特殊材料做成，密封性很好。但是车灯罩上点缀着星星点点的污泥，十分影响汽车的美观，更会影响车灯照明的效果。

5. 发现问题及时检修车灯

倘若汽车车灯处有裂纹，要及时到维修店进行维修。否则，空气会进入到车灯中，导致车灯出现故障，使车灯不能正常运行。

6. 养成使用车灯的好习惯

正确使用车灯的方法是：汽车启动——开启车灯；关闭车灯——关闭汽车。在阳光明媚的白天，可以看到很多点亮的车灯。这样就在不知不觉中消耗了车灯，也浪费了资源。

8.5 手刹养护关系重大

手刹养护事关生命安全，因此疏忽不得。

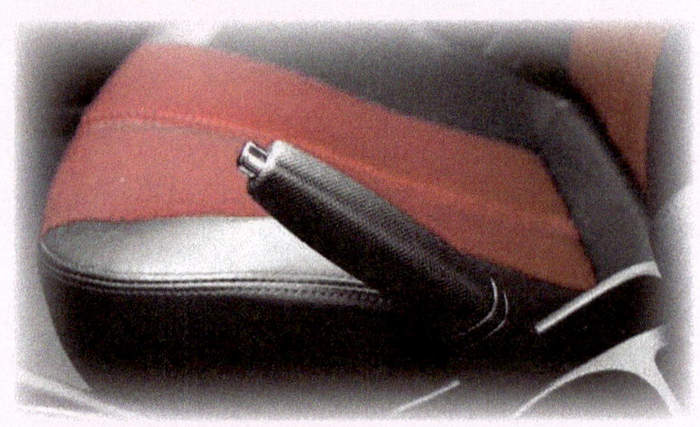

知识重要指数：★★★★☆

养护汽车必知常识

1. 找出手刹手柄的工作点

在检查手刹的制动力之前，需要先找出手刹制动系统应该处于的正常刹车位置，如何找出这个位置呢？先将汽车停到一个比较安静的地方，然后慢慢拉起手刹，边拉边数棘轮发出的咔嗒声，直到手柄拉到尽头为止。接着算出响声总数 70% 位置，这个位置就是手刹手柄的有效工作点。

2. 检查手刹的灵敏度

检查手刹的灵敏度对于斜坡起步非常重要。怎么检查呢？将汽车开到没有坡度的路面上，然后缓慢行驶，并慢慢地提拉手刹手柄，感觉一下手柄的灵敏度和接合点。在检查过程中，如果发现手刹的制动效能或灵敏度不理想，可以通过调节手刹的操作钢缆来解决。但这种检查方法不宜使用太多次数，否则会使手刹机构磨损。

3. 检查手刹机构的效能

将汽车开到一个坡度较大、平整柏油路面的斜坡上，然后踩住刹车，将挡位置于空挡，若是自动变速则挂在 N 挡，再将手刹手柄拉到上面确定的工作点位置。接着慢慢松开刹车踏板，如果汽车没有发生滑动，就说明手刹的效能良好。这种检查要在上坡和下坡位置各做一次。

4. 脚刹失灵后，如何利用手刹减速

为了保护好手刹，更为了保护车主的安全，在高速路万万不可用手刹减速。因为手刹机构并不精密，左右两侧的制动力分布不均，在高速行驶时拉动手刹很容易使其中一边的后轮抱死，发生侧滑。如果遇到高速行驶时刹车系统失灵，可以先通过降挡来减速，当车速很低时再拉动手刹将车子刹停。

8.6 汽车正时皮带的养护

所谓正时，就是通过发动机的正时机构，让每个汽缸正好做到——活塞向上正好到上止点时、气门正好关闭、火花塞正好点火。正时皮带一般是在8万公里时考虑更换。

知识重要指数：★★★☆☆

养护汽车必知常识

1. 传动皮带不要沾染油污

在拆卸、安装传动皮带时，如果您的手上沾有油脂，请擦拭干净再进行操作！切记，千万不要将传动皮带放置在油污中！如果您的传动皮带不慎沾上油污，请谨慎使用、最好能够立即更换。

2. 正确设置安装张力

安装张力的大小将直接影响到传动皮带的使用状态，要严格按照厂家规定的安装张力要求进行安装！此外，还要定期检查、调整皮带张力的大小使其张力保持在规定范围内！

3. 避免飞溅异物的影响

异物在高速运转的状态下，就犹如一个小刀在不停地切割皮带会迅速导致传动皮带的损坏。所以，在恶劣的环境中行驶后，及时检查传动系统是否有异物溅入！

4. 禁止弯折皮带

帘线也是皮带的重要组成部分，它在很小的弯曲半径下会造成皮带拉力的严重衰减。因此禁止过分弯折时规皮带！

5. 禁止撬正时皮带

严禁在拆卸、安装皮带过程中使用工具撬正时皮带。

6. 正确放置正时皮带

正时皮带贮存的温度宜在-15～40°C，相对湿度在50%～80%；在储存和运输时，应避免阳光直射或雨雪浸淋，保持清洁，防止与酸、碱、油类及有机溶剂等腐蚀；存放期间应避免使皮带承受过大的重量而变形，防止机械损伤，不得过于弯曲和挤压。

8.7 安全带的保养方法

汽车安全带就是在汽车上用于保证乘客以及驾驶员在车身受到猛烈打击时防止乘客被安全气囊弹出时伤害的装置。安全带虽然只有“拉过来，扣上去”这么简单。虽然它只是一根简单的可以扣起来的带子，但在关键时刻能救驾乘人员的生命。

知识重要指数：★★★☆☆

养护汽车必知常识

1. 正确使用安全带

要保证正确的配带位置，把腰部安全带的搭节部分系在骨盆下面，肩部安全带斜挂胸前，不能系在其他部位。一副安全带只能一个人使用。安全带不能拧起来使用。身穿厚衣服可能造成安全带位置不正确。不要让安全带在锋利的刃口摩擦。不要使座椅靠背过于倾斜，否则安全带不能正确的伸长或缩短。不要把安全带压在很硬的或易碎的物品上，如衣服里的眼镜、钢笔和钥匙等。

2. 必要时更换安全带总成

安全带承受过一次严重冲击时，即使不损坏，也应及时更换总成。

3. 定期检查安全带

要定期检查安全带是否磨损，损坏件应更换。

4. 不用时，将安全带归位

座椅上无人时，安全带要完全送回卷收器中，以便扣舌处于收藏位置，避免在紧急制动时，扣舌撞在物体上。

5. 清洗安全带

安全带可用软肥皂和水以布或海绵清洗。不要对安全带使用染料和漂白剂，它会降低安全带的强度。

6. 及时更换安全带

因化学作用、日光照晒使安全带破损、绽开或松软变形时，或因安全带金属连接部件弯曲、变形或锈蚀，无法通过清洁恢复时，或安全带的使用性能不佳时，这时就要考虑更换安全带了。

8.8 安全气囊的养护

现在，安全气囊对车主来说，是必不可少的安全装备，也成为消费者购车的必要考虑因素。

知识重要指数：★★★☆☆

养护汽车必知常识

1. 定期检查安全气囊

一般来说，汽车在正常使用的周期内，安全气囊不会发生故障，但是每行驶 1～2 万公里后，就应该去 4S 店里检查安全气囊及其附属部件。

2. 定期更换安全气囊

在 10 年以后，汽车安全气囊的质量就难以保证了，当然要提前进行彻底检测，有条件时要及时更换。

3. 学会观察气囊指示灯

安全气囊指示灯通常在车辆启动后会亮，经过系统自检后，如果无故障，指示灯会熄灭。自检时间因车型不同而不同，比如一汽大众的车型时间一般在 7 秒左右。如果过了这个时间，指示灯还不熄灭或以不同频率闪烁就表示安全气囊出现故障。

4. 安全气囊必须配合安全带使用

通常，安全带的作用更甚于安全气囊。在面对冲击时安全带能提供 80% 的安全保护，安全气囊只提供 20%。有安全气囊而没有安全带的危险系数最高，这是因为安全气囊爆出时和人的相对速度为 340 公里 / 小时。如果没有安全带的固定，气体点爆时的冲击非常容易对人的面部和颈椎造成伤害，特别是戴眼镜的车主和乘员。

5. 安全气囊周围不要摆放其他物品

车主最好不要在前排安全气囊处摆放香水瓶、粘贴饰品。不要让气囊和传感器处于高温和静电、意外磕碰、震动气囊传感器的环境下，以免引发安全气囊错误打开。

8.9 底盘护理

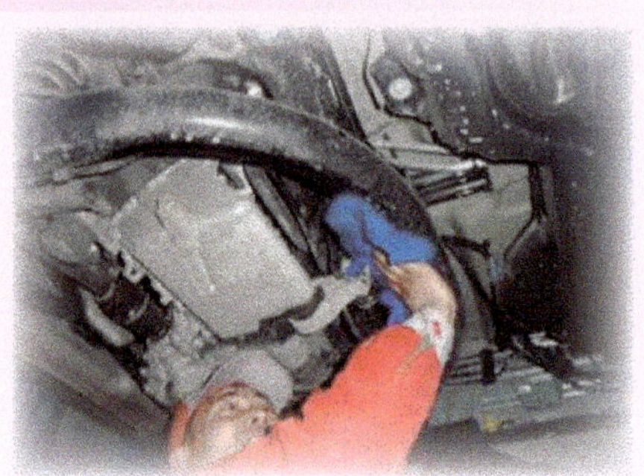

一般来说，底盘紧挨地面，面临的环境较为恶劣，地上的尘土、石子、污水、泥土和油渍常常与之接触，容易使上面滋生锈斑，时间一长，将严重影响汽车结构，加速汽车老化，存在安全隐患。

知识重要指数：★★★★☆

养护汽车必知常识

1. 清洁

先将车入位，用车罩覆盖全车，然后把车体举升至施工高度，随后用高压水流冲洗车底盘泥沙等附着物，同时用毛刷，清洗剂等除去油污、油脂、锈迹。

2. 吹干

清洁完毕后，用吹水枪吹干残留水渍，同时用干净毛巾擦拭。

3. 保护

在喷涂前用遮盖纸覆盖发动机底部（如有发动机防尘板则不用覆盖）转向拉杆，传动部件，前后悬挂系统（避雷器、减震弹簧、刹车盘刹车鼓、轮胎等）排气静音系统（排汽管、消音器）及车辆两侧靠近底盘的车群部位等。

4. 喷涂施工

喷涂时可由前往后，由左至右、顺序进行，喷涂底盘防护胶。喷涂区域每次应先前区域重叠 1/5 ～ 2/5，以免漏喷。施工结束后自然干燥 20 分钟后进行二次喷涂。

5. 检查

喷涂结束后，应仔细检查是否有漏喷或厚薄不匀等现象，如无问题可撤去覆盖纸并自然干燥 30 分钟，即可交车。

6. 喷洒多功能底盘胶

可先用发动机清洗剂或强力除油剂清洁后，再用多功能底盘胶喷涂于底盘表面，即可达到清洁，除锈的目的。而底盘防护胶是一种高附着性、高弹性、高防腐、防潮的软性树脂材料，喷涂在底盘表面，使之与外界隔绝，以达到仿佛、防锈、防撞同时还有一丁点降噪功能，可以降低一部分来自底部的噪音。

8.10 底盘封塑防护法

底盘封塑是养护底盘的一种方法，就是在车底盘上喷涂上一层主要成分为聚脂的保护材料，喷涂对象为底盘裸露的钢板部分，大约喷涂厚度为 2 毫米，主要功能是保护底盘钢板部分不会受到砾石击打，同时还可以防止其受到腐蚀。

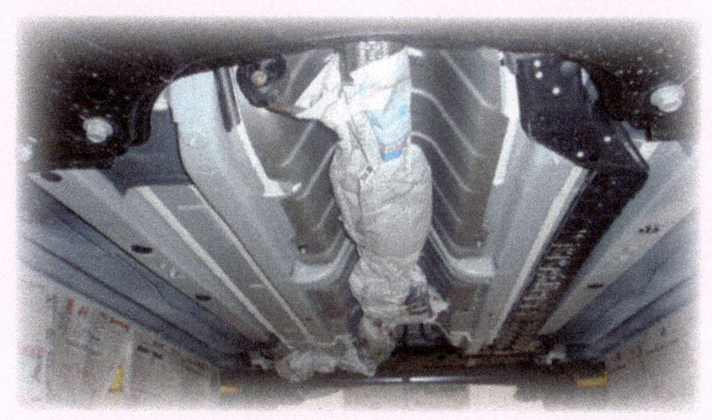

底盘封塑料

知识重要指数：★★★★☆

养护汽车必知常识

1. 先仔细地清除底盘的油污

清除时用专用的去污剂将沥青、油污彻底祛除，并进行烘干，因为任何污渍都会影响到封塑的牢固程度。

2. 底盘第一次封塑

在封塑之前，要先将传动轴等转动部分和尾气管等需要散热的部位用胶带封起来，然后喷塑，这样不会影响它们的正常运转。

3. 底盘第二次封塑

为了提高隔音和防撞的效果，封塑需进行二次喷涂处理，中间间隔 20 分钟，等第一层喷塑干燥之后再实行第二次喷塑。

有的车出厂时已做过底盘防护处理，有的没有，所以在做底盘封塑前，可以自行检查一下：用手触摸底盘，如果感觉有一层塑胶粘在车底，有柔性，说明已做过防护；如果触摸到的是坚硬冰凉的钢板，说明没有做防护。

8.11 安装底盘护板

虽然说有的车出厂时底部就有保护壳，但大部分都是塑料的，不结实。安装底盘护板不但可以保护底盘，还可以保护发动机，特别是遇到激烈的撞击时，底盘护板能够很好地起到保护作用。

知识重要指数：★★★★☆

养护汽车必知常识

车主在选择底盘护板时，可以根据自己用车的习惯以及经常走的路况进行选择：

1. 如果基本上都在城市开车，走得是平坦的道路，那么选择玻璃钢材料的就可以满足需求。

2. 如果经常跑长途，走坑洼的道路，就需要选择钢铁与铝合金的护板，因为路况比较复杂。但在选购钢铁或铝合金这种强度比较高的底盘护板时，必须注意，由于它们的硬度与安装的方式强度都很高，所以当车辆前部发生剧烈碰撞的时候，它们的存在可能会是一种危害，应选择中间有开出一条纵向竖虚线的护板，这种护板不但能够抵御纵向撞击，而且能够在发生激烈碰撞时，让发动机顺利下沉，从而不会被挤进驾驶室。

有的车主担心安装了底盘护板，在危急时刻会影响发动机的下沉，从而增加车内人员伤害的隐患，这个担心是有道理的。但汽车在行车过程中，底盘受到刮蹭或发生严重的托底也是常见现象，所以为了保护底盘和汽车，安装护板还是有必要的，车主可以在材质上挑选适合自己车型的护板产品，做到人身安全和车辆保护两者兼顾。

9

电子系统的保养，精密的部件要精心

按照对汽车行驶性能作用的影响划分，可以把汽车电子产品归纳为两类：一类是汽车电子控制装置，汽车电子控制装置要和车上机械系统进行配合使用，即所谓“机电结合”的汽车电子装置。另一类是车载汽车电子装置，车载汽车电子装置是在汽车环境下能够独立使用的电子装置，它和汽车本身的性能并无直接关系。它们包括汽车信息系统（行车电脑）、导航系统、汽车音响及电视娱乐系统、车载通信系统、上网设备等。现在，汽车的电气化程度越来越高，车主学学电子系统的保养常识是非常有必要的。

9.1 汽车音响的保养

音响是汽车常用电器之一，对它的保养也应加以重视。

知识重要指数：★★☆☆☆

养护汽车必知常识

1. 防止灰尘侵害

当开车在土路上行驶时，尽量不要开窗，以免大量灰尘涌入车内。而且还要将空调的外循环调整为内循环，以避免灰尘对音响的侵害。

2. 经常擦拭清洁

音响中，卡带机的压带轮和CD播放机的磁头都是容易堆积灰尘的地方。如果碟片长时间不用，再次使用的时候，需要先擦拭碟面的灰尘，擦拭时应沿着与音频轨迹垂直的方向。尽量选用质量好的正版碟片。

3. 注意防潮防湿

清洗汽车内部时，尽量不要朝着音响的方向喷洒水、清洁剂之类的液态物质。音响主机上有灰尘，可以用拧干的毛巾进行擦拭。

清洗完后，将开窗打开一段时间，以便使车内的水分快速蒸发干净。

4. 防止静电

春天由于气候干燥，汽车音响激光头很容易产生静电，以致受到损伤。放置光盘的时候不要用手直接去摸，也不要拿中间，要夹住两边慢慢放进去。不要频繁换碟，塞盘时尽量要轻。

5. 不要突然放大音量

音响在使用当中要避免突然将音量放到最大，因为这样做很容易让喇叭线圈烧坏，对功放造成影响，而且振幅突然加大也会烧毁功放。

9.2 汽车行驶中的空调养护法

汽车空调对驾乘人员非常重要，它的好坏，直接影响着驾乘人员的舒适性。

知识重要指数：★★☆☆☆

养护汽车必知常识

1. 调整空调内外循环

当车辆行驶在尘土飞扬的路段或者是因风刮起很多灰尘、树叶飞起的路段，车主要将空调调换成内循环。当行驶到干净路段时，再调至外循环。这样做，是为了避免及降低因灰尘杂物堵住空调的风道而损坏空调。

2. 低速行驶关闭空调

当车辆以低速行驶时，最好将空调关闭。因为如果在交通繁忙的路段行驶，不关闭空调就要通过踩油门加大发动机的运转速度来带动空调，这样做不仅会缩短发动机的寿命，还会缩短空调压缩机的寿命。所以，低速行驶时一定要关闭空调。

3. 长时间行驶可暂关空调

当汽车行驶较长时间后，汽车内的温度也比较舒适的情况下，可以先把空调关闭一段时间，然后再重启。这样做，可避免空调因长时间使用而导致冷凝器压力增大，从而造成损耗。

4. 适当调到大风

这种情况适用于空调经过了长时间的使用，因为空调在使用过程中会吸入空气中的灰尘，适当的使用大风可以吹走被吸入到风道里面的灰尘，这样就会防止因空调因灰尘堵塞风道而造成损坏。

空调在使用一段时间后，就要检查空调风扇和蒸发器表面覆盖的灰尘杂物情况，并及时地清理干净，以免影响空调散热造成损耗。检查间隔最好两三个月，最长不要超过半年时间。

9.3 车载导航养护方法

车载导航操作简单便捷，但养护不当，会缩短它的使用寿命。

知识重要指数：★★☆☆☆

养护汽车必知常识

1. 使用导航后要正确关机：先关闭页面，再关机，最后拔下插头。有的车主图省事，用完直接拔插头，从来不关机，殊不知，这样做时间长了很容易损害电子元件。

2. 车载导航使用前三次最好都充电 10 小时以上，以便让电池的蓄电能力最大限度地发挥出来。

3. 使用导航时，要先发动汽车，后插点烟器电源。

4. 导航用完后要拔掉点烟器，下次汽车发动后再插上，这样有利于保护机器电池，延长电池使用寿命。

5. 便携式导航不要长时间放在太阳底下曝晒，因为较大的温差不但影响导航的电池寿命，而且还会影响到液晶屏幕的触摸灵敏度。

6. 不要让导航屏幕接触尖锐物体。

车载导航要注意防潮、防灰。因此，首先清洗汽车仪表盘时不要让水进入到导航内，其次，大部分的车载导航都会对扩展接口设有保护盖，车主在使用后要把保护盖盖好，以避免进入灰尘。

9.4 保证点火系统的正常使用

汽车点火系统是帮助发动机正常工作的重要能源之一，它是为了发动机能够正常工作，定时地供高能量的高压电，从而点燃可燃混合气。

知识重要指数：★★☆☆☆

养护汽车必知常识

由于点火系统的重要性，所以必须保证它的健康，发现问题要及时排除。

1. 如果发现按喇叭的同时，前照灯也亮，车主应选用螺丝刀或导线在点火线圈“-”接线柱上试火，如果没有火，则表明点火线圈低压接线柱与电流表之间断路了，这时应更换该段导线，并且所换的导线应与原来的导线规格是一样的。

2. 如果发现汽车按喇叭不响，开前照灯也有不亮的情况，首先要用导线在发动机接线柱上试火，如果有火，则说明发动机的接线柱与电流表之间断路了；如果没有火，那么故障可能是蓄电池电量不足或其他故障。如果是蓄电池电量不足，充电即可；如果是线路断路，就需要重新接通。

在生活中，车主应学会如何排除汽车点火系统的故障问题。步骤很简单：在正常情况下，先用螺丝刀在点火线圈接线柱上试火，如果有火，再在分电器活动触点臂与底板间试火。如果还有火，则表明为触点故障。如果此时没有火，就说明点火系统没有问题。

9.5 车载空气净化器养护常识

车载空气净化器，又叫车用空气净化器、汽车空气净化器，指的是专用于净化汽车内空气中的PM2.5、有毒有害气体（甲醛、苯系物、TVOC等）、异味、细菌病毒等车内污染的空气净化设备。

知识重要指数：★★☆☆☆

养护汽车必知常识

其实，车载空气净化器的保养比较简单，需要根据不同滤网使用不同的养护方法：

1. 过滤网式空气净化器

过滤网式的空气净化器的保养，有些滤网是需要定期清洗来保持净化效果的，有一些则不需要，但大多数需要更换滤网。

2. 离子式空气净化器

离子式空气净化器的保养，一般只需要更换离子发生器。有一年一换的，也有多年一换的。最长的有6年一换。自己根据实际情况更换。

选择车载空气净化器首要考虑的是安全、方便，因为如果不便于放置在车内或者放置后存在安全隐患，那么即便再好的空气净化器也不能被选用。选购时，尽量购买有品牌有适名度，有质量保证的，材料方面要选用耐磨耐高温的。如此才能让空气净化器更好地发挥作用，并经久耐用。

10

做好车轮保养，用得长久又安全

据统计，在一辆汽车使用寿命的全过程中，用于更换轮胎的费用占全部修理费用的20%左右。正确使用和维护轮胎，不仅是安全行车的保证，而且可以延长轮胎的使用寿命、减少维修费用，从而降低运营成本。

10.1 汽车轮胎的种类及其规格

轮胎是汽车的重要部件之一，它直接与路面接触，承受着汽车的重量，轮胎在汽车上所起的重要作用越来越受到人们的重视。

轿车轮胎　　货车轮胎　　大客车轮胎　　工程车轮胎

养护汽车必知常识

1. 轮胎的分类

(1) 按车种分类

可分为轿车轮胎、轻型载货汽车轮胎、载货汽车及大客车胎、农用车轮胎、工程车轮胎、工业用车轮胎、机轮胎和摩托车轮胎。

(2) 按尺寸划分

轮胎按尺寸划分可以分为全尺寸轮胎和非全尺寸轮胎两种。

(3) 按照功用划分

轮胎按照功用划分可分为高性能轮胎、泥地胎、雪地轮胎和备用轮胎等。

2. 轮胎的规格

(1) 轮胎的代号

国际标准的轮胎代号，以毫米为单位表示断面高度和扁平比的百分数，后面加上：轮胎类型代号，轮辋直径（英寸），负荷指数（许用承载质量代号），许用车速代号。例如："175/70R 14 77H"中175代表轮胎宽度是175毫米，70表示轮胎断面的扁平比是70%，即断面高度是宽度的70%，轮辋直径是14英寸，负荷指数77，许用车速是 H级。

(2) 轮胎规格

规格是轮胎几何参数与物理性能的标志数据。轮胎规格常用一组数字表示，前一个数字表示轮胎断面宽度，后一个数字表示轮辋直径，均以英寸为单位。中间的字母或符号有特殊含义："x"表示高压胎；"R""Z"表示子午胎；"一"表示低压胎。

10.2 轮胎的寿命和选择

轮胎有其一定的寿命，到了期限就要报废。不是说什么轮胎都适合爱车，换轮胎要选择适合爱车的轮胎。

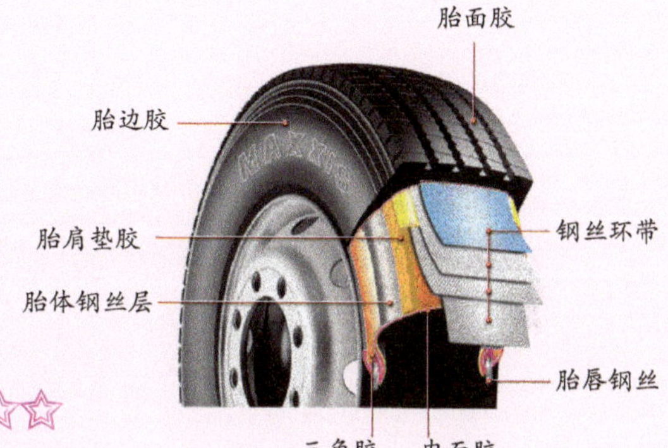

知识重要指数：★★★☆☆

养护汽车必知常识

1. 轮胎的寿命

轮胎的寿命及判断。现在国际上轮胎大公司都将轮胎的老化期定为三年，我国也遵循这样的界定。这些数据都是经过科学实验得出的。不论什么品牌的新轮胎放置三年后，受氧化等因素影响物理性能会有所变化，耐磨性强度等指标都会明显下降。国外大公司针对三年还没售出的轮胎都会进行降级或报废处理。从行驶公里而言，一般当一个轮胎行驶八九万公里就应更换，同时应特别注意磨损标志，如果超出规定的磨耗标准，即使使用一年的轮胎也应及时更换。不能单从时间、里程上去考察轮胎是否该更换。

2. 轮胎的选择

(1) 选择高性能轮胎

如果是跑车或是经常在高速公路上行驶，高性能轮胎是不错的选择，当在高速路上行驶，快速转弯时，高性能轮胎使用较软的橡胶化合物，增加牵引，在行驶中，既安全又平稳。

(2) 选择泥地胎

泥地胎设计切成泥泞的表面，有一个大的，形状不一的线程模式。由于大型的、开放式的设计，泥消逝得很快。泥轮胎往往比其他性能的轮胎胎面宽，降低陷在泥里的可能性。泥地胎胎面嵌入的角度和模式在车辆转动时，利用离心利推动其他物质远离轮胎表面，防止阻塞轮胎。

(3) 选择普通轿车轮胎

普通轿车轮胎一般比较舒适，能耗较低，耐用性较强。

(4) 选择旅行轮胎

旅行轮胎的承载重量大，耐用性强。

10.3 轮胎使用应注意的事项

磨损对于轮胎来说是正常的，但有时候会因为车主使用不当或是轮胎定位不准而引起磨损，这些是非正常的，需要引起车主的警惕。

知识重要指数：★★★★☆

养护汽车必知常识

汽车在日常行驶的过程中，以下几方面值得注意：

1. 注意轮胎的使用寿命

轮胎也会老化的，一般来说正常使用的轮胎寿命是4～5年，过了5年即使胎纹的磨损很小也最好换掉。

线圈处为磨损标志

2. 注意轮胎自身的状况

有些地方的汽车行驶路况坎坷、复杂，常常满载行驶，对轮胎的磨损较为严重，进而出现扎胎，甚至进行过三四次的补胎。这时要考虑爆胎的风险。

3. 应对不同的季节和路况，注意保持合适的胎压

对于汽车来说，胎压要合适，但是，胎压要随着季节和路况的变化而变化。冬季时要适当增高胎压，在高速公路行驶时，轮胎气压应提高10%，以减少因摩擦而产生的热量，从而提高行车的安全保障，还可以延长轮胎的使用寿命。

4. 防止轮胎非正常磨损

汽车轮胎两边磨损过大，与轮胎与地面接触面积过大有关，原因是轮胎长期充气量不足或车辆超负荷行驶引起的；如果轮胎一边磨损过大，通常是轮胎定位不准造成的。如果轮胎中间部位磨损严重，一般是轮胎与地面接触面积小造成的，与地面磨擦的压力全部由轮胎中间部位承担，就会带来轮胎胎面中间部件磨损严重的后果，原因是充气量过大，减少了与地面的接触面积，节省了燃油，但同时加速了轮胎损耗。

10.4 汽车轮胎的正确使用

爱护轮胎就是要正确使用轮胎，这样才能让轮胎正常磨损，而不提前报废。

知识重要指数：★★★☆☆

养护汽车必知常识

1. 要严格控制行驶中的轮胎温度

汽车在行驶中，胎温升高，并随着运距的延长而加剧，如果习惯高速行驶，频繁地紧急制动，会使胎温出现超温，就有爆胎的危险。

2. 掌握轮胎的负荷

轮胎的负荷是根据轮胎的结构、帘线的层数、帘线材料以及标准充气压力等因素计算确定的。汽车超载将使轮胎侧壁弯曲变形增加，接地面积大，温度增高，因而加速了胎肩的磨耗和损坏。此外，还应该注意载重量分布均匀。

3. 根据路面掌握行车速度

行车速度要适应路面情况，掌握经济车速。因为高速行驶使轮胎的动负荷增大，胎侧曲折频率增加，温度升高较快，既增加胎面磨损，还会严重影响安全行车。

4. 正确应对冬雪天气

在冬季严寒地区，轮胎的橡胶脆性变大，弹性下降，在起步时应慢抬离合器踏板，平稳起步，控制慢车速，待胎温上升后再正常行驶。若车辆在冰雪地面上停驶了一段时间，接地部位可能会被冻结，起步时需格外小心，防止胎面被撕裂。

5. 认真执行驾驶操作规程

(1) 要驾驶平稳。即起步稳，换挡快，保持直线行驶方向（不忽左忽右），减少紧急制动，保持中速行驶，选择路面，转弯降速。

(2) 认真执行例行保养，经常检查轮胎气压与胎温是否正常。

(3) 选择停车地点，不要停在有油污的地方和有钢渣积聚的路面上。

(4) 严禁用水浇泼发热的轮胎，轮胎气压高时严禁放气。

(5) 停车后不要硬转动方向盘。

10.5 汽车轮胎的正确保养

汽车轮胎的正确保养对延长轮胎的使用寿命，预防安全事故是十分必要的。

养护汽车必知常识

1. 合理搭配轮胎

轮胎的结构及其规格大小、胎体帘线层数的多少，以及允许充气压力的高低，均与其负荷能力有关。由于同一名义尺寸、不同厂家生产的轮胎，其实际尺寸会有差别；轮胎花纹不同，胎面与地面的附着力也不同；后轮采用双胎并装，双胎的高低与路面拱度配合不当，其承爱重力会不一致；轮胎的装配位置，前后车轴负荷分配以及行驶道路条件不同；等等，都将使不同位置的轮胎磨耗程度有差别。因此必须合理搭配轮胎。

2. 保持车辆底盘状况良好

汽车底盘部分的技术状况必须良好。若装配不当，将使轮胎不能平顺滚动而产生滑移、拖曳，从而加速轮胎的磨耗。

3. 日常检查轮胎做到“四勤”

勤查汽压；勤查胎温；勤挖胎纹中的石子；勤塞胎上的小洞，及时进行轮胎换位，发现鼓包的轮胎应立即修复或更换。

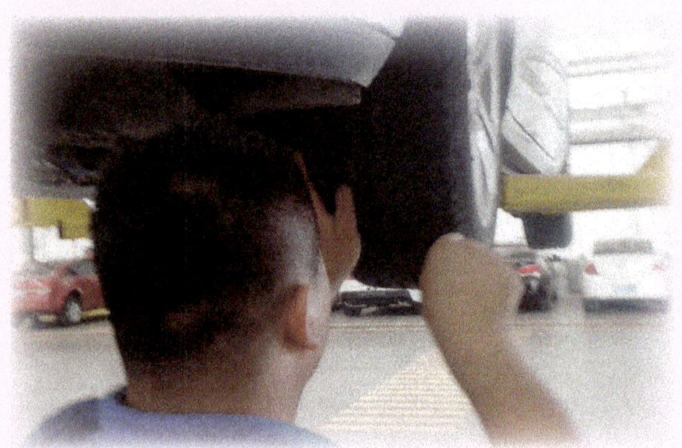

剔除轮胎纹中的石子

4. 正确保存轮胎

轮胎的主要成分是橡胶，因此要防止阳光、油、酸和碳氢化合物侵蚀轮胎。轮胎应存储在冷却、干燥和黑暗的室内，避免水分聚集在胎内。当增压后，水分可能会通过内部气密层而进入胎内。

10.6 选购轮胎的条件

汽车制造厂一般会认定多家轮胎企业为自己配套，因此在优先考虑换原厂轮胎的同时，车主也可以根据自身需求，换装汽车厂家指定的其他品牌轮胎。

知识重要指数：★★★★☆

养护汽车必知常识

1. 要充分考虑车辆的性能，例如：超级跑车、SUV、中小型轿车的轮胎质量要求不一。

2. 选购轮胎还与驾驶习惯有关，与司机的驾驶风格有关，有的人驾驶温和，有的人驾驶风格激烈，而选购不同的轮胎。

3. 与行驶的道路条件有关，例如在高速、砂石路面、盘山公路等路况下，选购的轮胎不一。

4. 与气候条件（例如：冬季冰雪天气）等情况有关，然后根据轮胎产品的不同定位来选用合适的轮胎。

5. 寻找合适的轮胎规格。新轮胎规格应该和原车的规格保持一致，如需要更改轮胎规格，必须去专业的改装店进行轮胎升级或咨询车辆制造商。

6. 轮胎最高速度能力。要求所替换的轮胎必须等于或高于原车上的轮胎的速度能力。通常通过轮胎上的速度级别可知轮胎的最高速度能力或直接从轮胎标签上识读。

7. 根据自己的喜好选购轮胎。轮胎的花纹、宽度、扁平率等都是决定轮胎性能的重要指标。车主为了让自己的车看起来更威猛一些，可以换装更宽、扁平率更低的轮胎；为了提高车辆牵引力及操控表现，可以换装运动型轮胎；为了提高乘坐舒适性，则可以换专用的旅行车型轮胎。

8. 可以选购节能轮胎。目前，对绿色和环保要求的越来越严格，环保会成为永久的主旋律，有些轮胎厂家已经生产出节能轮胎，这种轮胎不仅寿命长，而且省油、环保，能够减少汽车尾气的排放，在以后的汽车生产中，节能轮胎或将成为主流。

10.7 选购轮胎注意事项

轮胎需要车主根据需求选购，同时还要注意轮胎的生产日期等要素。

2009 年生产的轮胎

知识重要指数：★★★☆☆

1. 注意自己的需求

如果想要提高车辆抓地力，那么换装的轮胎在耐磨度及噪音方面就会表现差一些；而换耐磨轮胎，它为车辆提供的牵引力就会弱一些；高扁平率的轮胎感觉舒适，但路感会差，车辆转弯侧向抵抗力差；与此相反，低扁平率的轮胎使车辆具有更好的操控性，但是要以牺牲一些乘坐舒适性为代价。因此车主在选轮胎时一定要清楚自己的需求和目的是什么，这样才会针对性更强。

2. 注意查看轮胎生产日期

车主可以通过轮胎胎侧模压的 DOT 标志得知该信息，不购买陈旧轮胎。

3. 注意轮胎的最大载重能力

要求所替换的轮胎最大载重力不得低于原车轮胎的载重能力。车主可以有三个渠道得知轮胎的最大载重能力。一是轮胎胎侧模压的载重指数；二是轮胎胎侧模压的具体载重能力；三是轮胎胎面所贴标签上指示的具体载重能力。

4. 注意以次充好

选轮胎时一定要注意检查轮胎侧面标志是否清晰完整，如果有涂抹或刀刻的痕迹，车主都要打个问号。因为轮胎企业对有问题或是库存的轮胎都会进行销标处理，这种轮胎的厂名、商标等标志在出厂前都会用化学药品等进行处理，被称为是销标。更有甚者，有一些轮胎标志被割去的很可能就是轮胎质量被企业认定为有问题的废品胎。另外还有一种情况是轮胎的标志是重新贴上去的，很容易被手指刮下来。这种有后贴标志的轮胎很可能就是翻新轮胎。

10.8 备胎的保养

备胎虽然平时很少用到它，但这不代表就可以忽视对它的保养。否则，应急时就起不到备胎的作用。

知识重要指数：★★★☆☆

养护汽车必知常识

1. 定期检测备胎磨损情况

在检查备胎的磨损和裂痕情况时，应当在胎纹磨损到磨损标志线之前，就对轮胎进行更胎。如果备胎胎侧有细小裂纹，就不能用它跑长途或高速行车，因为轮胎侧壁较薄，高速行车时容易发生爆胎。

2. 定期检查备胎气压变化

备胎由于长期处于闲置状态，因此难免气压会不足。所以车主要每个月都应检查一次备胎，看气压是否足够大。检查的时候还要注意备胎的气门芯，可以用肥皂水淋在上面来检查是否漏气，如果冒气泡的话，就得更换气门芯。

3. 备胎不要与油品放一起

轮胎的主要成分是橡胶，而橡胶最怕的就是各种油品的侵蚀，一旦油沾到轮胎，就会使轮胎发生胀蚀，这将大大降低轮胎的使用寿命。但如果轮胎已经沾到油，这时也不要慌，应及时用中性的洗涤剂把油污冲洗掉。

4. 检查轮胎橡胶是否老化

轮胎是橡胶制品，长时间静止不动会出现老化现象，因此车主除了每次到4S店保养时对备胎进行常规检查外，自己平时也要多注意备胎的状态，主要检查是否有细微的裂纹和鼓包。备胎的老化期是4年，所以4年左右就要更换备胎，不管备胎是否使用过。

10.9 汽车轮毂的养护

轮毂是车轮中心安装车轴的部位，也就是人们常说的“轮圈”或“钢圈”。轮毂很容易沾上污物，如果长时间不清洁，有可能被腐蚀变形，以致产生安全隐患。因此要特别注意对轮毂的养护。

知识重要指数：★★★☆☆

养护汽车必知常识

1. 清洗轮毂时，先用清水冲湿，再用清洁剂以海绵刷洗，然后再用大量清水冲洗。

2. 如果轮毂表面有难以清除的污渍，需要用专业的清洗剂，这种清洗剂往往能够温和有效地去除污渍，以减少对铝合金表面的伤害。比如，轮毂上沾有柏油时，要用刷子沾上专业清洁剂刷洗，但不要使用太硬的刷子，特别是铁刷子，这样会损伤轮毂表面。

3. 当轮毂温度较高时，要先等其自然冷却后再进行清洁，千万不能用冷水来清洗。否则，会使铝合金轮毂受损，甚至使制动盘变形而影响制动效果。

4. 在高温的时候，不要用清洁剂清洁铝合金轮毂，因为这样会使轮毂表面发生化学反应，失去光泽，影响美观。

5. 车辆所在地方如果是潮湿的，要经常清洗轮毂，以免盐分对铝表面产生腐蚀。

6. 轮毂清洁干净后，如果有必要，可进行打蜡保养，使其永保光泽。

由于轮毂本身就存在着一层金属保护膜，所以清洗的时候，不要使用油漆光亮剂或其他研磨材料来清洗，以免损伤保护膜。

11

掌握车体拆装，小毛病可以自己修

汽车作为一个庞大的精密机器，具有成千上万的零部件，它们有机地组合在一起，为车辆的正常运行发挥着自己独特的作用。人易得小病，汽车也是如此。在行驶的过程中，汽车遇到各种各样的行驶环境时，极易出现一些小的故障，这就需要司机本人“独自解决”，因此，司机掌握一些车身相关部件的拆装是十分必要的。这样既可以避免很多不必要的麻烦，又达到安全驾驶的目的。

11.1 前保险杠的简易拆装

在更换爱车的一些部件时，前保险杠拆装是经常发生的事情。

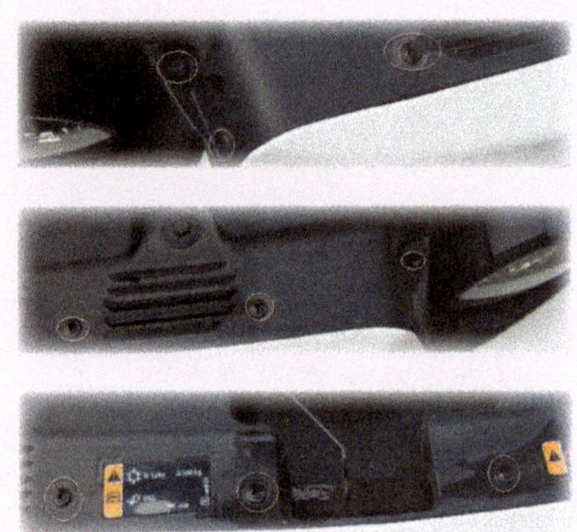

知识重要指数：★★★★☆

养护汽车必知常识

1. 汽车前保险杠这样拆：

(1) 打开发动机引擎盖，把塑料板先拆掉；

(2) 看到两个铁支架，将四颗六角螺丝拆掉；

(3) 将左右前轮挡泥板的两个十字螺丝拆掉（一边一个）；

(4) 保险杠底部有三颗六角螺丝拆掉；

(5) 将汽车底部黑色挡泥板和保险杠链接的的几个膨胀卡扣拆掉，先从前轮那边往下拆，并注意大灯下边有两个卡扣很难拆；

(6) 先把前保险杠车底下部位的螺丝拆下来再打开前盖，打开前盖了不能急着拆螺丝，由于不知道什么车型，所以你得先看看前灯的安装螺丝，一般车辆是要拆二颗大灯螺丝，在大灯下面还有三颗螺丝将保险杠固定在车的龙骨上，全部螺丝拆卸之后，用手从底部伸到雾灯那里，把雾灯灯泡旋下来。最后拆龙骨上面的几颗螺丝就可安全取下保险杠了。

需要注意的是，拆的时候注意保险杠上面的的灯光和线路。拆的时候先拆线和灯最后拿下的才是保险杠，整个过程也就一刻钟的功夫。

2. 汽车前保险杠这样安装

按拆的相反顺序安装前保险杠。最后盖上发动机舱，整理工位。

注意，这是汽车前保险杠大致的拆装方法，根据不同的车型，前保险杠的拆装有所不同，需要灵活处理。

11.2 汽车后保险杠的拆卸方法

汽车在换一些部件时，有时需要拆解汽车的后保险杠。

知识重要指数：★★★★☆

养护汽车必知常识

在更换后灯或遇有关故障的时候，就需要拆卸后保险杠，以长城汽车 H6 为例，这样拆解：

1. 如上图所示，用六角扳手拆下保险杠上部左右各一个固定螺栓。

2. 使用一字螺丝刀拆下后保险杠上部堵盖，使用 10 号套筒拆下左右两侧各一个螺栓。

3. 使用十字螺丝刀拆下后保险杠左右两侧各三个固定螺钉。

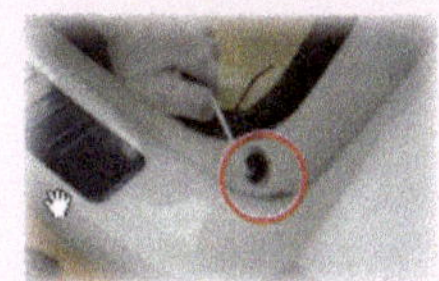
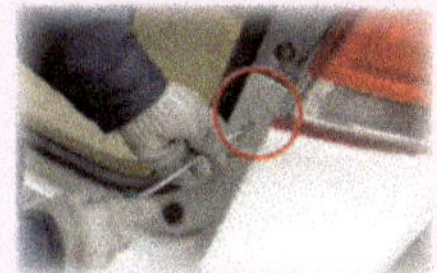
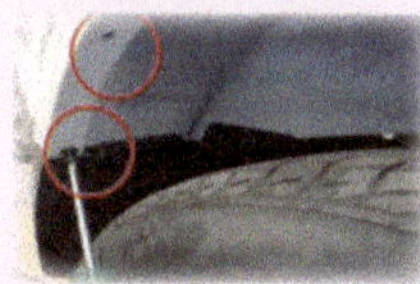
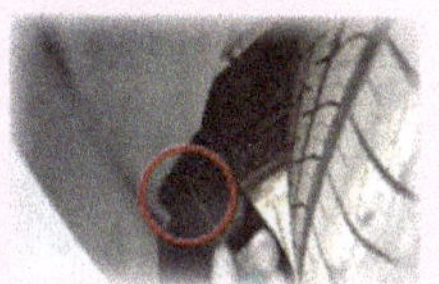

4. 使用一字螺丝刀拆下后保险杠下部的 4 个固定卡扣。

5. 后保险杠与支架连接处，将保险杠用力向内侧推，再向上抬，这样就将保险杠分别从左右两侧的保险杠支架上的 8 个小倒刺挂钩中脱出来。

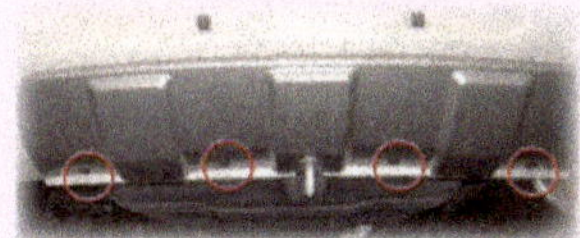

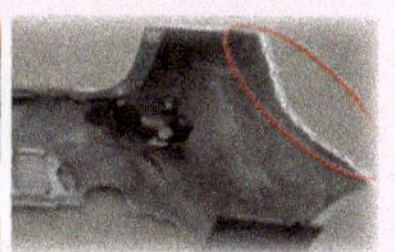

6. 把后保险杠用力向内侧推，然后向上抬，目的是将左右两侧的三个小倒钩与车身扳金脱离，断开雾烟连接线束，拆下保险杠总成。

7. 使用十字螺丝刀拆下后牌照灯固定的两个螺钉，断开线束接插件，拆下后牌照灯总成。

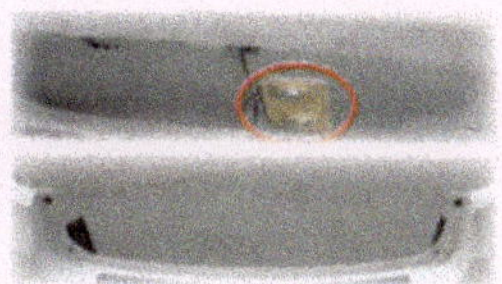

8. 使用十字螺丝刀拆下后，保险杠装饰板左右两侧的的两个螺钉，拆下后保险杠装饰板总成。

11.3 汽车座椅套的简易拆装

很多车主都害怕将爱车的座位弄脏了，更换或清洗座椅套更是平常的事情了。

知识重要指数：★★★★☆

养护汽车必知常识

1. 安装前靠背和前头靠

(1) 先拔掉头枕（一般按住头靠活动栓）；

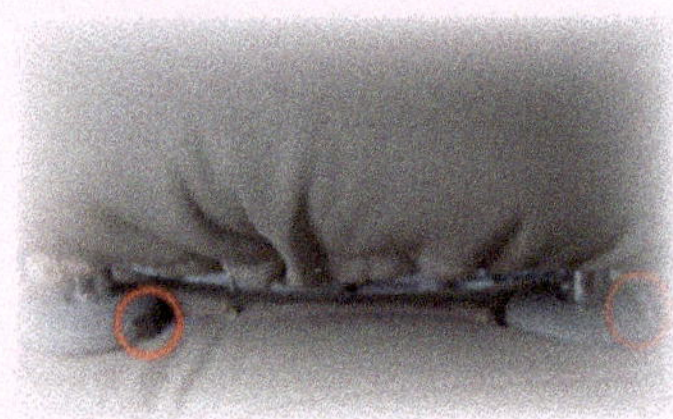

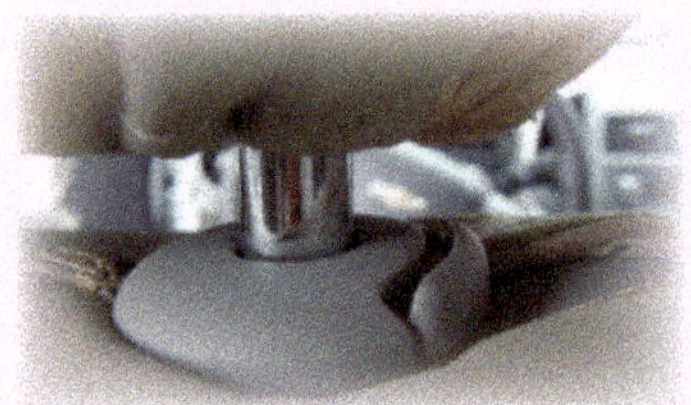

红圈处为活动栓

(2) 把靠背套（看清左右及正反面）套好，分左右的还要看靠背侧置物袋是否是在中间，如在靠车门这边就说明装反了；

(3) 将靠背套正面从与座的接合地方塞到靠背反面，与靠背套背面底部的粘带固定稍用点力会比较紧密；

(4) 将头套套好后插入靠背；

(5) 将套好的靠背整理平整，前靠背安装完成。

2. 安装后头靠和后靠背

(1) 先拔掉头枕。按下靠背的活动栓（有的车是往上拔的，有的车是在后备箱控制，因车的情况而定）。

(2) 把靠背套套好，（有的汽车后靠背是一整块的有的汽车是分成两块的）套时要分清上下部位，并且要放在正确位置。

(3) 将后靠背套正面底部的橡皮筋塞到靠背后面，橡皮筋从下面串到后背后与上面的橡皮筋绑好，侧面橡皮筋和侧面橡皮筋绑好。

(4) 将套好的靠背整理平整，再插入头枕，后靠背安装完成。（有部分车两边还有两个长靠，卸的方法会因车而不同，一般是卸螺丝后往下或往上推便可卸下来。）

11.4 前刮水器电动机的拆卸与安装

刮水器是爱车的一个重要部件。掌握拆卸和安装刮水器，可以使爱车在雨雪天气畅行无阻。

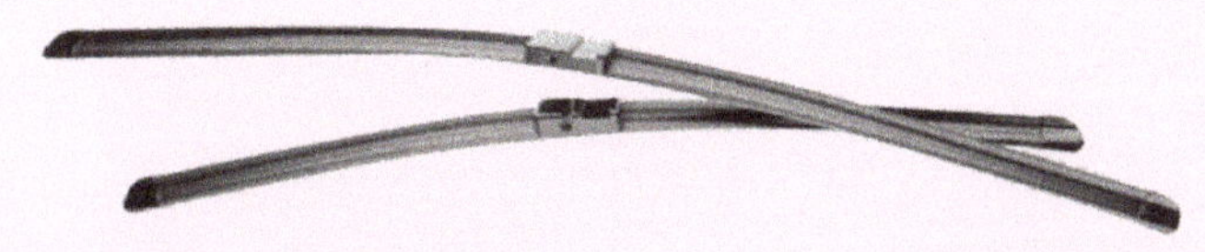

知识重要指数：★★★★☆

养护汽车必知常识

刮水器的拆装

刮水器

1. 关闭刮水器电动机开关。
2. 拆下蓄电池负极搭铁线、挡风玻璃刮水器臂。
3. 关闭发动机罩，拆下螺钉盖，然后拆下前罩板格栅紧固螺钉，并拆下前罩板格栅。
4. 向上撬 4 个导流板固定夹，并拆下导流板装饰件。
5. 拆卸刮水器连杆之前，应确保刮水器电动机处于“PARK”（停止）位置。
6. 拆下刮水器连杆的固定夹，然后从电动机上拆下刮水器连杆、刮水器电动机的 2 个导线插接器。
7. 拆下刮水器电动机的 3 个紧固螺栓，直到它们从金属板支承面上松开。
8. 从汽车上拆下刮水器电动机。
9. 安装时，应将刮水器电动机置于原位并安装 3 个紧固螺栓。
10. 连接刮水器的导线插接器。
11. 临时连接蓄电池负极搭铁线。
12. 将刮水器开关置于“ON”（接通）位置，然后置于“OFF”（关闭）位置并使刮水器电动机停在“PARK”（停止）位置。
13. 拆下蓄电池负极搭铁线。
14. 安装刮水器连杆和固定夹、导流板装饰件和 4 个固定夹。
15. 安装前罩板格栅和 7 个紧固螺钉并装上螺钉盖。
16. 正确安装刮水器臂，拧紧刮水器臂枢轴螺母至 10 ～ 14lbf•ft(14 ～ 19N•m)。
17. 连接蓄电池负极搭铁线。
18. 以所有的各个速度开动刮水器，确保关闭刮水器开关时，刮水器臂能停在它们的正确位置。否则，应根据需要调整刮水器臂。

11.5 后刮水器电动机的拆卸与安装

后刮水器的作用也不可小觑，在倒车时则直到眼睛的作用。

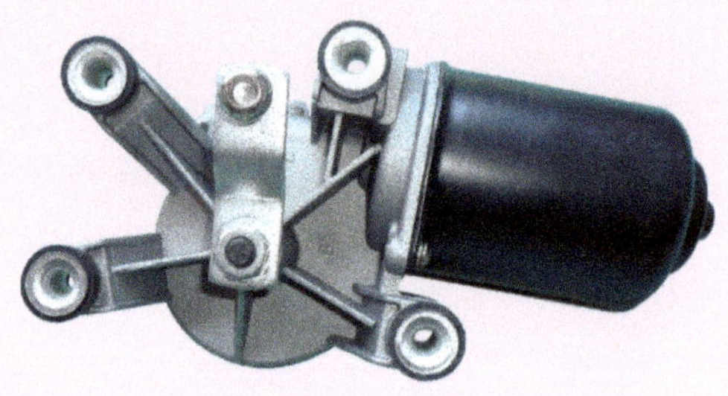

刮水器电动机

知识重要指数：★★★★☆

养护汽车必知常识

利水器电动机的拆装

1. 拆下蓄电池负极搭铁线。

2. 拉起刮水器臂紧固螺母盖，以便拆下紧固螺母，然后从枢轴上拔下刮水器臂。

3. 从外衬套紧固螺母上拆下轴的油封。

4. 拆下外衬套紧固螺母并拆下外衬套。

5. 拆下提升门装饰板。

6. 拆开刮水器电动机导线插接器。

7. 拆下刮水器的 3 个紧固螺栓和垫圈，然后拆下刮水器电动机。

8. 安装时应将刮水器电动机置于原位并装入 3 个紧固螺栓，拧紧至 61 ～ 79lbf•in(7 ～ 9N•m)。

9. 安装外衬套并拧紧其紧固螺母至 35 ～ 52lbf•in(4 ～ 6N•m)。安装轴的油封。

10. 连接后刮水器电动机导线插接器。

11. 拆开蓄电池负极搭铁线。

12. 将刮水器开关置于“ON”（接通）位置，然后置于“OFF”（关闭）位置并使刮水器电动机停止在“PARK”（停止）位置。

13. 安装刮水器臂，拧紧刮水器臂螺母至 61 ～ 79lbf•in(7 ～ 9N•m)。

14. 以所有的速度分别开动后刮水器电动机，确保刮水器开关处于“OFF”（关闭）位置时，刮水器臂能停在正确的位置。

(15) 安装提升门装饰板。

11.6 汽车天窗的简易拆解

汽车天窗在经历了各种外部环境之后，容易引发一些问题。所以，学会拆卸就变得非常重要起来。

知识重要指数：★★★★☆

养护汽车必知常识

天窗的拆卸

1. 拆下天窗饰板总成

先用梅花扳手，拆下4个螺钉；接着向上拉出玻璃，把它拆下来；然后拆下滑动天窗防水条；最后拆下滑动天窗驱动齿轮总成。

这时要注意：拆下驱动齿轮时保证滑动天窗完全关闭。

2. 拆下滑动天窗玻璃总成

先断开连接器，拆下3个螺栓和驱动齿轮；接着拆下螺钉和凸轮盘盖，然后装上凸轮盘盖和螺钉。

这时要注意：如果安装时滑动天窗完全关闭的位置和驱动齿轮的相对位置没有排列成一直线，会造成滑动天窗无法工作。

3. 拆下滑动天窗支架总成

从支架上断开4个排水管；拆下6个螺栓、2个螺母和4个支架；拆下4个螺母和支架总成。

4. 拆下滑动天窗挡板。拆下2个螺母和2块挡板。

5. 拆下遮阳板总成。向后移动遮阳板，把它拆下来。

6. 拆下天窗后流水槽。

7. 拆下左侧滑动天窗驱动电缆。向后移动电缆，把它拆下来。

8. 向后移动驱动电缆，拆下右侧滑动天窗驱动电缆。

9. 拆下4个螺钉和天窗导流板总成。

就这样，整个天窗就拆下了。

11.7 汽车天窗的安装

汽车天窗作为爱车的一个精密部件，其安装需要一定的技巧。

知识重要指数：★★★★☆

养护汽车必知常识

1. 安装滑动天窗轨道总成。用 6 个螺钉安装轨道总成。

2. 安装滑动天窗电缆控制盒。

3. 安装天窗导流板总成。用 4 个螺钉安装天窗导流板总成。

4. 安装左侧滑动天窗驱动电缆。向前滑动驱动电缆，把它安装好。

5. 安装右侧滑动天窗驱动电缆。向前滑动驱动电缆，把它安装好。

6. 安装天窗后流水槽。

7. 安装遮阳板总成。向前滑动遮阳板，把它安装好。

8. 安装滑动天窗挡板。用 2 个螺钉安装 2 块滑动天窗挡板。

9. 安装滑动天窗板支架总成。

先用 4 个螺母安装支架总成；然后用 6 个螺栓，2 个螺母安装 4 个支架；再接上 4 个排水管。

10. 安装滑动天窗驱动齿轮总成。

先用 3 个螺栓安装驱动齿轮，拧紧力矩：5.4N•m，再接上电动机开关连接器。

11. 安装滑动天窗挡风条。

12. 安装滑动天窗玻璃总成及天窗密封性检查。

检查滑动天窗（防水条）和天窗板之间的公差；检查滑动天窗（玻璃）和天窗板之间的公差。注意：间隙必须非常精确。

13. 调整天窗板。用梅花扳手 T25，松开螺钉，调整滑动天窗的位置。当调整完毕后，拧紧螺钉。

检查是否泄漏。操作滑动天窗，检查是否有水泄漏。如果有水泄漏，应重新调整滑动天窗。

14. 安装天窗总成。

至此，整个天窗的安装全部完成。

11.8 手动变速器也敢拆装

手动变速器的拆装比其他部件要复杂一些，更需要仔细、耐心。

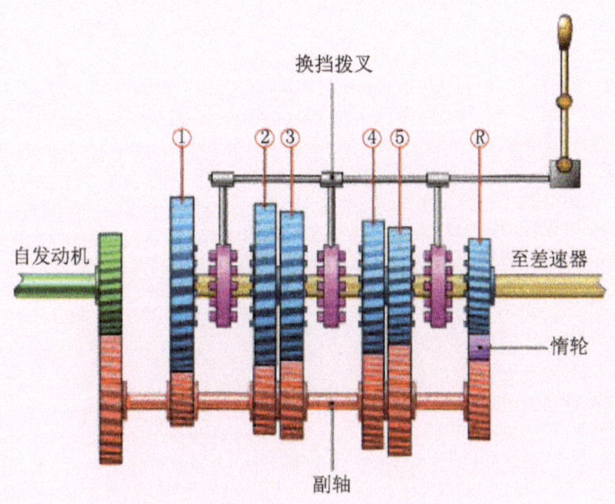

知识重要指数：★★★★★

养护汽车必知常识

在手动变速器拆装之前，先准备好以下用具：常用工具一套；工作台；虎钳。拆卸步骤如下：

1. 拆卸五挡齿轮罩盖，将五挡齿轮拨叉，拉出五挡齿轮及同步器衬套。

2. 将倒挡轴固定螺栓，拆下两个法兰轴，拆下换挡轴，将变速器壳体紧固螺栓按对角线交叉法旋松并卸下，把变速器壳体小心向上撬起，取下变速器壳体。

3. 取出差速器。

4. 取下主减速齿轮及倒挡齿轮。

5. 拆下拨叉。

6. 取下输入轴和输出轴。

7. 仔细观察变速器（输入轴、输出轴、倒挡轴）、（拨叉）、（同步器）的结构特点，熟悉各零部件的名称和相互连接关系及作用。这样做有利于接下来的安装。

8. 安装。

装配顺序与拆卸顺序相反。

变速器在拆装的过程中，要应注意安全，正确使用工具，严格遵照拆装顺序，装配时各轴应在空挡位置。装配输入轴、输出轴、主减速齿轮轴及主减速器时，注意轴承预紧力。在装入变速器壳时，注意接触面密封情况。装配好变速器操纵机构后，操纵应轻便灵活，锁止机构能起作用。

11.9 自动变速器的拆卸

同手动变速器的拆装一样，自动变速器比其他部件要复杂一些，需要更加仔细、耐心。

知识重要指数：☆☆☆☆☆

养护汽车必知常识

在自动变速器拆装之前，先准备好一把钳子、一些碎布和一把扳手。拆解和安装步骤如下。

1. 先把车辆停放在平坦、安全的地方，变速箱置入低挡区空档位置，熄火并关闭电源总开关，楔住前方车轮，确保安全；

2. 分解变速箱总成之前，必将变速箱外壳彻底清洗干净；变速箱的分解必须在一个清洁的地方进行，避免让灰尘或其它杂物进入变速箱内部，否则会加剧磨损和损坏轴承；

3. 拆卸轴承应使用专用工具，拆下的轴承要仔细的清洗；

4. 分解各个分总成时，要把所有零件按拆卸时的顺序放在干净的工作台上，避免零件丢失，又便于装配；

5. 使用卡簧钳拆卸卡簧。

需要注意的是，施加在轴或壳体等零件上力量的大小，请勿野蛮操作，避免损坏零件，有些零件是禁止拆卸的，绝对禁止向正在运转的从动件施加外力。

11.10 自动变速器的安装

自动变速器既然会拆，那么安装也变得简单起来，只不过是小心地按相反的方向装就是了。

知识重要指数：★★★★★

养护汽车必知常识

1. 拆卸的所有零件都应该清洗干净，并做相应检查，不能继续使用的应予以更换。

2. 装配前各轴承、油封、轴上的键槽、齿轮的内孔以及变速器箱体的轴承孔涂上齿轮油或机油，并将要更换的纸垫浸透机油。

3. 装配顺序与拆卸顺序相反，即后拆下的零件先装，使全部零件都安装到原来的位置上，安装过程中要常转动配合件，注意油封的方向且不得有破损。

4. 检查有无漏装的零件，各轴及固定齿轮是否轴向窜动，各处纸垫是否完好，各对啮合齿轮是否在全部齿宽内啮合；用手拨动滑动齿轮，看能否轴向移动到全齿宽啮合；用手转动第一轴，分别试一下各挡，都应能灵活平稳转动，无卡涩现象。

5. 将拨叉装入并固定到相应的拨叉轴上，再将该拨叉轴装入变速器盖相应的孔中。各拨叉正好安装到相应齿轮的拨槽中，装上连接螺栓，并按规定的次序和规定的力矩拧紧螺栓，用变速杆挂入不同的挡，依次检查能否顺利挂挡，若挂不上，可用手轻轻来回转动第一轴，若仍挂不上应拆下箱盖检查。

需要注意的是，装好后，要进行试运转，各挡应能灵活转动，无渗油、漏油和卡涩现象，在任何挡位下不允许有跳挡、乱挡现象，换挡时应轻便自如，不得有不正常响声或过热现象。

11.11 汽车大灯安装步骤

汽车如果使用时间过长，汽车的大灯灯泡就会出现损坏和老化问题，其实，给汽车更换大灯灯泡是一件必须的事情。

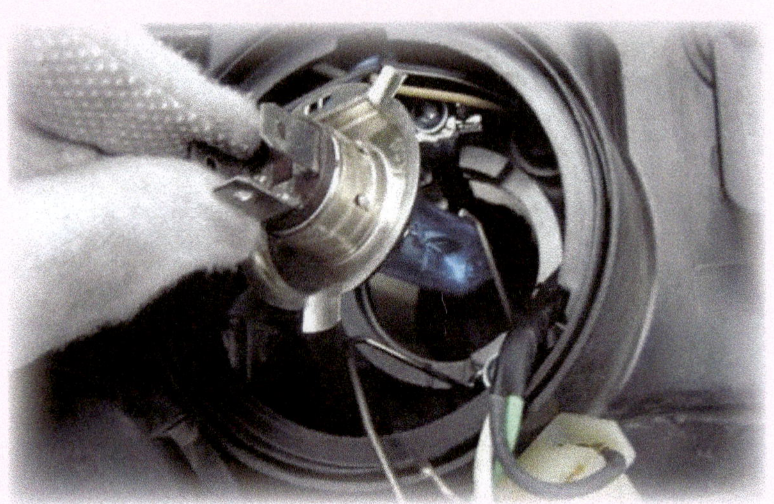

知识重要指数：★★★★☆

养护汽车必知常识

1. 确认车子的灯泡插头，要买相应插口的灯泡来做更换，更换的灯泡不一定需要原厂配件，只要灯泡是符合规定就可以。

2. 将灯泡的电源插口拔开，拔出灯泡电源插口的时候，力度要适中，避免将插口接线弄松，或损坏灯泡插头。拔开电源接口后，将灯泡背后的防水盖拿掉，车灯防水盖的材质多为软胶，也有车型配备的是软塑料材质的防水盖并没有什么区别，只需稍稍用力，就能将防水盖掰下。

3. 将灯泡从反射罩中取出，取出灯泡时，需要用手指捏住两边的钢丝卡簧，待灯泡松开后，再往外抽出灯泡。将新灯泡放入反射罩，对准灯泡的固定卡位，灯泡底座上有若干固定卡位。

4. 安装时按取出旧灯泡的步骤逆向操作：捏住钢丝卡簧将灯泡插入反射罩，对准安装位置后松开卡簧固定灯泡。盖上防水盖时，要确保防水盖边缘和固定位完全贴合。拿取灯泡的正确方法是：戴上手套，拿取灯泡的底座或插头位置，避免直接接触玻璃体。玻璃体如果有污垢，灯亮时会有爆裂的危险。

12

做好电瓶养护，延长电瓶的寿命

汽车电瓶正常使用寿命在1~8年不等，寿命的长短与车主使用电瓶的情况有很大关系。汽车电瓶经过长期使用或者多次过度的充放电，寿命会降低，电瓶存电能力会影响汽车性能。所以，车主一定要养护好汽车电瓶，最大可能延长电瓶的寿命，省钱又省事。

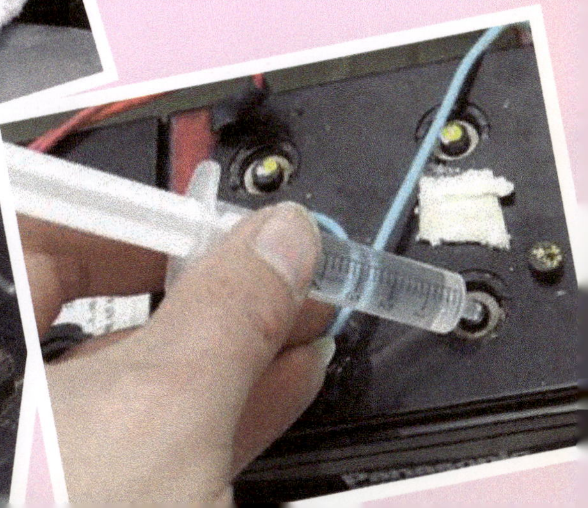

12.1 蓄电池的日常检查

经常检查蓄电池可以发现蓄电池早期的问题，杜绝大的隐患。

知识重要指数：★★★☆☆

养护汽车必知常识

1. 检查蓄电池渗漏情况

要经常检查电瓶外壳有没有电解液的渗漏现象。如果发现渗漏，立刻更换蓄电池；如果没有渗漏，应该清洗蓄电池的表面和蓄极柱上的氧化物，注意不要让水从通气孔进入蓄电池的内部。等水干了以后，再用砂纸打磨干净极柱和接头上的接触面，拧紧接头上的固定螺丝，以保证启动汽车时，有足够强度的电流通过。

2. 检查蓄电池的电压

检查蓄电池的电压，应该在发动机温度正常、启动机技术状态良好的情况下，如果连续几次启动发动机都能顺利启动，说明蓄电池的状态良好，电压也很正常；如果每一次启动，发动机的转速都处于逐步下降的状态，或者发动机只能勉强能启动，这说明蓄电池的电压已经处于亏电状态，要立刻予以充电。

3. 检查电解液的比重和液面高度

如果电解液比重过低，表明两种情况：一是不能提供足够的电能，二是有可能冻裂外壳而报废。在第一种情况下，车主应尽量少用车内一些耗电的操作，要每隔一段时间给蓄电池及时充电，以保障其正常的工作状态。

车主在接触蓄电池时，一定要小心谨慎，由于其是供电设备，温度会比较高，可能会烫到手。此外，蓄电池表面上的液体可能是水，也可能是腐蚀性的酸液，不要使其伤害到皮肤。

12.2 冬季蓄电池的养护

冬季汽车的耗电比其他季节大很多，所以在进入冬季后，对蓄电池进行特殊的护理是非常必要的。

知识重要指数：★★★☆☆

养护汽车必知常识

1. 检查电解液高度

在寒冷的冬季来临之前，要检查电解液的高度。如果电解液太低，蓄电池可能会突然没电，所以应及时补充蓄电池的电解液，调整好电解液比重，并检查其存电情况，必要时应进行充电。

2. 检查蓄电池接线处

蓄电池电极接线处容易出现氧化而脱皮，如果检查到蓄电池接头表面因为氧化而出现绿色脱落碎屑物时，应将其周围碎屑物处理干净，并清理掉周围污渍，然后在自然风吹干的情况下，再喷上专门防护的氧化剂，以保证蓄电池正常供电。

3. 加装保温装置

冬季，应保证电桩与导线接头连接牢固和接触良好，并在蓄电池上加装保温装置，以免温度太低，造成缺电。

4. 检查蓄电池接口处

经过春夏，到了冬季，蓄电池接口处很容易出现松动，造成接触不良，使得电量不足，如果蓄电池长时间处于这种亏空状态下，会面临报废的危险，车辆就无法正常启动。

5. 长时间不用拆下蓄电池

如果汽车在露天或冷库停放数周不用，应拆下蓄电池，存放在较为温暖的房间内，以防蓄电池结冰损坏。当环境温度低于零下10℃时，放完电的蓄电池将结冰，充电前必须对结冰的蓄电池进行解冻处理，否则直接充电可能引起爆炸，而且最好使用小电流慢速充电。

12.3 夏季预防蓄电池缺液

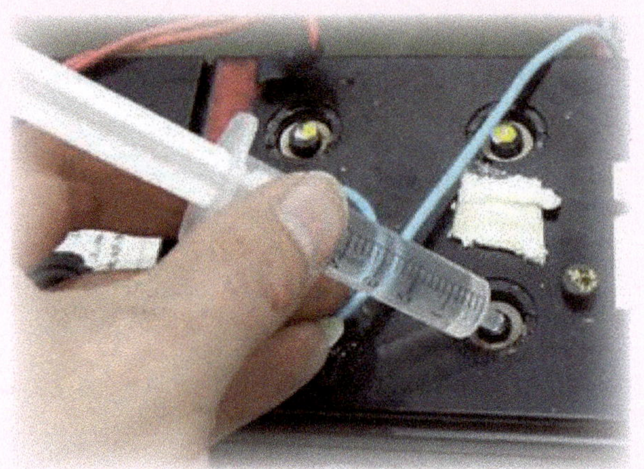

夏季，由于温度高，蓄电池电解液中的水分很容易蒸发，使液面降低，严重的会露出极板，造成蓄电池缺液。缺液不但会使蓄电池电压降低，而且还会发生蓄电池早期损坏的故障。因此，夏季应预防蓄电池缺液以及由此带来的危害。

知识重要指数：★★★★★

养护汽车必知常识

1. 及时补充电解液

(1) 补充电解液时，需要在发动机熄火状态下进行，因为如果处于工作状态下，发动机会带动发电机给亏电的蓄电池充电，这时蓄电池电解液会产生可爆性氢气，并从加注口处向外释放，如果周围环境有明火，极易发生爆炸。

(2) 将发动机熄火后，先在蓄电池上部铺上一块干毛巾，以吸附有可能泄露出来的电解液；为了防止泄露，要用干净的漏斗加注，此时拿蓄电池电解液容器的手必须戴上防腐手套，因为电解液中含有强腐蚀的、剧毒的硫酸，如果发生泄露会对皮肤造成损伤。

2. 保持蓄电池盖排气孔通畅

蓄电池内气压比较高，如果蓄电池盖的排气孔发生堵塞，很容易使蓄电池的外壳发生胀裂而损坏。

3. 避免高温时长时间行车

车主要尽量不要高温情况下长时间行车，以保证蓄电池内的正常温度值，减少电解液的蒸发。

在加注蓄电池电解液时，如果有东西不慎掉入，千万不能用金属物质去捞，因为这样会使金属分子在硫酸的腐蚀下进入蓄电池而形成自放电，从而损坏蓄电池。用什么捞出来呢？应当用木棒夹出杂质。

12.4 蓄电池灯亮预示的故障

汽车蓄电池的指示灯亮是用来显示蓄电池工作状态的，同时也是检查汽车是否正常工作的一项指标，根据灯亮的情况，可以判断汽车发生了什么故障。如果启动汽车一段时间后，蓄电池指示灯仍然亮着，则表明蓄电池可能出现了问题。

知识重要指数：★★★★★

养护汽车必知常识

1. 可检查蓄电池极桩处的连接情况，查看是否松动了，如果松动可拧紧。

2. 如果拧紧后，指示灯还没有熄灭，并且启动车内的电子设备时其使用会受到影响，则可能是蓄电池发生故障，应尽快送检并更换电池。

3. 蓄电池不发电，也可能是发动机充不进去电所致，属于发动机自身的问题。这就是大问题，考虑维修发动机了。

很多时候，车主都不会注意到蓄电池指示灯亮不亮的情况，而且也不容易发现，所以车主要细心些，在启动汽车后，不要着急开车，最好检查一下包括蓄电池指示灯内的各项指标是否正常运转，以消除隐患。

12.5 蓄电池断电应对措施

有时，车主在启动汽车的时候，发现车怎么也打不着，只听见“呲呲”的声音，这可能是蓄电池没电的征兆。面对这种情况，该怎么办呢？

知识重要指数：★★★★★

养护汽车必知常识

1. 利用推车发动汽车（适用手动挡汽车）

(1) 先将钥匙开关打开，同时让帮手在车外向前推车，当车开始运动起来的时候，车主踩下离合将挡位挂至 2 挡，等车速慢慢升高的时候松开离合。

(2) 然后再稍带一点油门，车辆即可被“憋着”。但这种方法是不得已的情况下使用的，不能经常用，因为这样很容易对发动机和离合器产生损伤。

2. 搭电线临时充电

如果车主车内备有搭电线，可以用搭电线为自己的车辆蓄电池临时充一下电。具体操作方法是：将发生故障的蓄电池的正负极用搭电线接好，然后再将搭电线的另外两端接在救援车的电瓶上，这时车主再进入驾驶室进行打火，并尽快开到维修店对蓄电池进行维修或更换。所以在车内常备搭电线还是很有必要的。

蓄电池的蓄电量可以在仪表板上反映出来，当电流表指针显示蓄电量不足时，要及时充电。

12.6 养护蓄电池需要好习惯

保养和维护好蓄电池，车主也需要养成良好的开车习惯。

知识重要指数：★★☆☆☆

养护汽车必知常识

1. 停车后要关灯

(1) 有时候车主夜间停车后会忘记关大灯，这样蓄电池经过一晚上的消耗，电量损失殆尽；还有的车主在夜间停车等人的时候，为了省油会熄火，却忘记将大灯调整到“示宽灯”模式，这样也会损害蓄电池。

(2) 车内照明灯有的车主也经常在停车后忘记关掉，这同样会消耗蓄电池电量，导致第二天启动不了汽车。

2. 停车熄火前要关空调

很多车主在汽车熄火后，习惯于不关空调或让空调随着车辆启动后自动启动，其实这是错误的。这样做会造成每次打开车辆的点火开关后，空调系统会自动启动工作，从而导致车辆瞬间功率负荷过高，时间长了会对蓄电池造成很大的损耗。

3. 不要在熄火后还长时间使用车内电器设备

有的车主在熄火状态下，还坐在车内用音响听广播或者看 DVD 等，这样虽然会省油，但也会损害到蓄电池。

4. 不要在熄火后使用外接电源设备

汽车熄火后，不要再使用吸尘器、便携式充气泵等外接电源设备，因为这些设备的功率都比较大，在熄火状态下长时间使用很容易耗完蓄电池内的存电，从而影响车辆的正常启动。

5. 每次启动发动机时不要超过 3 秒，再次发动时的时间间隔应超过 5 秒

如果第一次启动失败，不要急于反复启动。因为连续启动发动机会造成蓄电池过度放电而受损。

12.7 免维护蓄电池也要保养

免维护蓄电池

与普通蓄电池相比，免维护蓄电池最大的特点就是“免维护”，它的电解液的消耗量非常小，在使用寿命内基本不需要补充蒸馏水，而且它还具有耐震、耐高温、体积小、自放电小等优点。但免维护蓄电池并不是完全免维护的，它是在特定条件下的术语。所以，免维护蓄电池也是需要维护和保养的。

知识重要指数：★★★☆☆

养护汽车必知常识

1. 免维护蓄电池要补水

与普通蓄电池一样，免维护蓄电池的极板在因缺水而暴露于空气中时也会硫化的，对于不同厂家生产的免维护蓄电池，有的规定每 3 万公里补一次，而有的则规定每 8 万公里检查补一次水。车主可根据实际选择。

2. 免维护蓄电池也要充电

免维护蓄电池充电需要一定的条件，比如，经常短途行车，这里的短途指的是每天行驶路程在 20 公里以内、时间在 20 分钟以内；车上加装了大功率用电设备的；经常停车后忘关用电设备的；经常使用大灯、雾灯之类的，这些情况下，免维护蓄电池也要定期进行充电，否则会电力不足，影响车辆行车安全。免维护蓄电池的补水和充电需要到专业厂家去做，自己是不能随意做的。

免维护蓄电池的正常使用寿命为 2 ～ 3 年，期限到了必须直接更换，而不能像普通蓄电池那样通过添加电解液延长 1 ～ 2 年的寿命。

12.8 夏季预防蓄电池过充电

当蓄电池在高温的夏季运行的时候很容易出现过充电的问题，这是因为，夏季温度升高，蓄电池中的各种活性物质的活动就会增加，并且反应充分而剧烈，于是蓄电池的正极析氧电位和负极析氢电位就会下降，所以如果此时对蓄电池进行充电，其反应速度就会比较快，充电电流加大，而蓄电池充电时需要的充电电压原本比较低，这时就会造成过充电。

知识重要指数：★★☆☆☆

养护汽车必知常识

为了预防过充电，车主要做到以下几方面：

1. 夏季，尽量降低蓄电池的温度，以保证其良好的散热，防止出现过高的充电电压。

2. 不要在高温环境下充电，因为蓄电池充电时本身会产生热量，使自身温度升高，如果充电环境再比较高，不但会造成蓄电池失水量增大而缺水，还会形成过高的充电电压，最终损坏蓄电池。

3. 汽车尽量不要在烈日下曝晒，因为这会使蓄电池所处的发动机舱内温度急剧上升，从而使蓄电池温度上升，导致充电时蓄电池内部压力增加而使限压阀开启，造成失水量增加，从而影响蓄电池使用寿命。

蓄电池如果经常过量充电，即使充电电流不大，但由于电解液长时间“沸腾”，就会使活性物质表面的细小颗粒易于脱落，而且栅架也会过分氧化，从而造成活性物质与栅架的松散剥离。

12.9 预防蓄电池自行放电

蓄电池长久不用，它会慢慢自行放电，直至报废。

知识重要指数：★★★☆☆

养护汽车必知常识

为了预防蓄电池自行放电，车主应注意以下事情：

1. 每隔一段时间启动一次汽车，以给蓄电池充电。

2. 将蓄电池上的两个电极拔下来。需要注意的是，当从电极柱上拔下正、负两根电极线时，应当先拔下负极线，或卸下负极和汽车底盘的连接，然后再拔去带有正极标志（+）的另一端。

3. 蓄电池有一定的使用寿命，到一定时间就需更换。在更换时同样要遵循上述次序，不过在把电极线接上去时，次序则恰恰相反，先接正极，然后再接负极。

4. 蓄电池的外表应经常用热水冲洗并擦干，保持清洁、干燥。

5. 蓄电池的盖塞要严密，以免电解液飞溅和杂质落入。

6. 配制和储存电解液的容器应为陶瓷、塑料、玻璃和橡胶等耐酸材料。

7. 配制好的电解液必须妥善保管，以免混入杂质。

配制电解液时一定要用专用硫酸和蒸馏水，不能使用发黄的硫酸、井水、河水，因为它们含有较多的矿物质。

13

做好换季养护，行车安全有保障

季节交替向来是疾病多发期，车也一样。换季时期，如果这时不注意家汽车的保养，在使用频繁时难免会出现一些小问题。所以，车主们在忙于日常工作和驾车休闲之余，别忘了该给车做换季保养了。其实车也和人体一样，养车时我们可以把它当成自己的身体，"呼吸系统"、"皮肤"等一定要检查到。给车一个好的养护，它也会多给你一份安全保障。

13.1 春季养护之零部件养护

春季，汽车还要做汽车零部件的养护。

知识重要指数：★★★☆☆

养护汽车必知常识

1. 清洗冷却系统

清洗发动机水套，清除冷却系中的水垢，检测、调试节温器效能。

2. 更换机油

如果车主现在使用的机油黏度过高，应及时改换为夏季用润滑油。

3. 检查蓄电池

检查蓄电池的工作性能是否良好，有必要的话到维修站去做检测。

4. 检修轮胎

汽车轮胎是驾游期间最任劳任怨的部位之一，因此远行回来后一定要给汽车轮胎做一次系统的检修工作，测试胎压，检查轮胎的磨损情况，等等。

5. 四轮定位

最后，最好对爱车是做一次四轮定位。

13.2 春季养护之洗车

随着春季的来临，风沙、雨水便成为车主的一块心病，因为这样的天气对车漆损伤极大。春季多雨，下完雨后，由于空气中的湿度较大，车身上的雨渍、雨滴很难立刻被风吹干。雨滴在阳光下像放大镜一样，将紫外线聚焦在车漆表面，使车漆老化。爱车的车主就会经常洗车，保持车身洁净、车漆亮丽。春季保养汽车漆面：春季雨水较多，雨水中的酸性物质会损害汽车漆面，应养成雨后洗车的习惯。

知识重要指数：★★★☆☆

养护汽车必知常识

1. 要适当多给汽车打蜡，让汽车的漆面多一些爱护

在春季，在选择车蜡时要注意，在普通的沙蜡中，含有细小的、肉眼看不到的研磨颗粒。将车漆打亮就是依靠这些颗粒在车漆上反复研磨，去除车漆表面的氧化层。

2. 漆面封釉

很多车主可能觉得经常打蜡比较麻烦，也太耽误时间，那么建议您最好去做一次漆面封釉，将类似瓷釉的车漆保护剂使用振抛机压入车漆内形成保护层，彻底隔离紫外线、酸雨和风沙的侵蚀。此外，釉剂中还含有紫外线吸收剂和增艳剂，保护车漆不会褪色，使旧车的漆面也能光彩照人。

13.3 春季养护之车内清理

春天是一个春意盎然的季节，在这个温暖和煦的环境中，我们的爱车经历了漫长的寒冬，如果不进行养护，容易发生各种故障，或是各种隐患，甚至给人的健康和出行带来危害，所以给爱车进行车内清理是十分必要的。

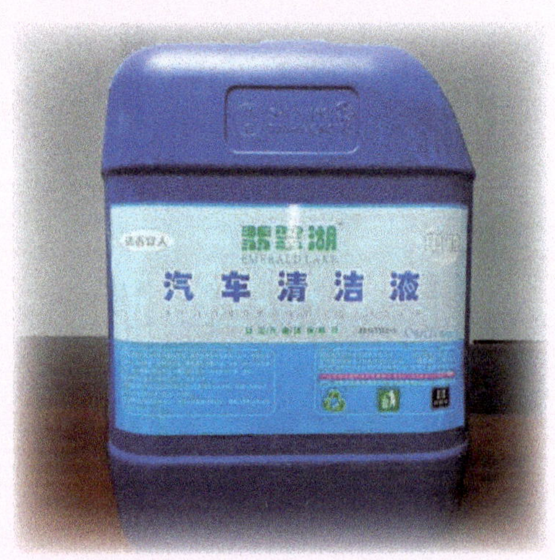

知识重要指数：★★★☆☆

养护汽车必知常识

在春天，气温升高，再加上空气潮湿，是各种病菌繁衍生长的黄金季节，由于车主很少开窗通风，长时间使用汽车空调，车内滋生了数以亿计的细菌，还会产生大量的异味。所以，春季要对汽车进行特别养护，步骤如下：

1. 选择专用清洗液，配合专业的抽洗机，采用大量的循环清水将脏东西和清洗剂带出来；

2. 选用专业车内杀菌剂，彻底清除异味，抑制细菌滋生；

3. 用配有特制消毒杀菌剂的高温水蒸气均匀地将汽车内部蒸几分钟，对车内各部位进行清洁，起到清洁、软化污垢、消毒杀菌、除去异味的作用；

4. 再采用超声波室内杀菌消毒设备、充分雾化药液、利用空调内循环系统使药液均匀分布，达到杀除病毒及细菌的作用；

5. 春季要特别注意汽车室内的防菌工作，保持干爽卫生，特别是对汽车坐垫、脚垫、地毯、出风口这些卫生死角更要做好清洁工作。

13.4 夏季之车内除湿

夏天，降雨比较多，这就需要车主做好防水防潮的工作，以免车内发霉，不但滋生细菌，还会给汽车部件造成故障。

知识重要指数：★★★★★

养护汽车必知常识

1. 空调除湿

打开空调制冷，用冷风去除。

2. 阳光晾晒

雨后天晴时，找一个阴凉通风的地方，然后将车门及后备箱全部打开，使车内的湿气及时得到排除。另外，还要将车内的脚踏垫、椅套拆下来，及时清洗晾晒。

3. 放置除湿盒

平时，车主应在车内或者后备厢等地方，多放几个除湿盒，并注意定期检查和更换，提前给汽车做好除湿防潮的准备。

4. 放置干燥剂和竹炭

当汽车不用的时候，可用干燥剂或竹炭除湿，最好再买几个简易除湿盒，放在车里面的各个角落，这样车内部件在隔夜后不容易受潮。

5. 旧报除湿

汽车除湿最简单省钱的方法是用旧报纸除湿。找来一些旧报纸，将其卷成一捆，放在汽车内的前后脚垫上或后备箱中，这样也可以除湿。

在空气潮湿的季节，汽车音响系统的各个芯片就会“变”得非常娇贵，因为潮湿的空气最易对它们产生侵蚀，所以汽车音响要经常使用，以防潮湿。

13.5 夏季养护之空调养护

夏季炎热多雨，空调需要承担较大的负荷，养护空调十分必要。

知识重要指数：★★★★☆

养护汽车必知常识

1. 检查制冷剂是否足够，可通过感觉干燥器的入口管路和出口管路之间的温度差来估量，或者通过歧管压力表进行检测。

2. 要经常清洁出风口和驾驶室内的灰尘与污垢。这不仅有助于汽车的美观，而且对驾乘人员的身体健康也是有益的。

3. 定期检查空调系统制冷剂的液面高度是否正常。检查液面高度的方法有好几种，但最常见的而且最简单的方法就是利用干燥器的窥视孔检查。

4. 检查压缩机皮带是否良好。如果皮带表面与皮带轮槽接触侧面光亮，并且启动空调时有“吱吱”的噪音，说明皮带打滑严重应更换皮带和皮带轮；如果皮带过松应给予调整，否则易使空调系统制冷不良。

5. 检查空调系统软管和管接头是否有油迹。如发现渗漏，应及时向维修人员咨询解决方法。

6. 清扫空调滤清器。根据其材质决定清洗方式。如果是滤网的，则可取下用水清洗，简单、经济。若是活性炭材质，该方法不可取。此外，空调的鼓风机也要除尘。

13.6 夏季养护之轮胎保养禁忌

夏季气温高，雨水大，影响较大的当数汽车轮胎了。

知识重要指数：★★★☆☆

养护汽车必知常识

1. 行车后，向轮胎泼冷水

切勿采用向车胎泼冷水的办法降温，否则容易使轮胎胎层由于温差而撕裂。另外，也不能采用放气的方法降温降压，否则胎温胎压还会继续上升。尽管如今的高档汽车往往能够在车胎气压下降与外泄的情况下继续安全行驶一段时间，然而一旦在汽车行驶时发生爆胎以后，还是必须尽快更换破损的轮胎，而不应该贪图省力继续长时间长距离行驶，尤其不能够高速度行驶，将希望寄托在侥幸不发生更加严重的事故上。

2. 汽车长时间连续行驶或曝晒

汽车长时间不间断行驶，或无遮挡地在太阳光的照射之下。有时候过热的车辆会引发电子甚至机械系统故障，许多发生自燃的车辆往往没有特别严重的故障与损害，只是因为某些系统在过热的压力下而出了问题。

3. 胎压不可过高

夏季车胎内的气压会随着温度的升高而升高，经常产生爆胎事故，同时行车超速、超载或紧急制动都容易引发爆胎。因此，可以适当降低车胎气压，或者为车胎改充物理性能更加稳定难以膨胀的氮气。若长途行车中发生了胎温过高的情况，应及时将车辆停于阴凉处休息降温。

曝晒的汽车

13.7 秋季养护之易损件护理

过了一个夏天的日晒雨淋之后，也应该对爱车进行一番全面的保养了。每年换季都是进行车辆检测保养的好时机，秋天也不例外。

知识重要指数：★★★★☆

养护汽车必知常识

1. 清洗空调系统

进入秋季后应该为空调做一次彻底的保养。

2. 检查汽车轮胎

车主在秋天换季保养时，应特别注意检查轮胎是否出现龟裂，仔细检测表面的损伤，看其有无异常磨损等以确保行车安全。一旦当轮胎磨损到极限位置时，就要及时更换轮胎。秋天气温下降时，还要补充气压，以使其保持在规定的气压范围。同时，还应检查轮胎是否有刮痕或胎纹，因为橡胶在秋冬季节容易变硬，轮胎易漏气或扎胎。

3. 清除蓄电池的氧化物

蓄电池检查时，如果发现电极接线处有绿色的氧化物，要记住拿开水冲掉。用开水冲掉后，并要用压缩空气吹干水分，然后喷涂上专用的防护剂，防止氧化层再次出现。

4. 清洁内饰

在换季时节，很有必要为您的爱车做一次彻底的内饰杀菌与清洁。做保养时，最好以专业的清洗剂配合高温内饰桑拿机，这样不仅能去除车内污垢、异味，同时还能有效地杀灭细菌。

5. 检查火花塞

火花塞一旦发生问题，就会引起车辆抖动或者不着车。在步入秋季之时，车主应该仔细检查一下这些部位，尤其是一些插头部位，看看是否生锈，一旦生锈，就要使用专业清洗剂处理。

13.8 秋季养护之全车防护

秋高天气逐渐转凉，在温度升降幅度加大的条件下，电路、空调、轮胎等很多外在或者内在零部件容易发生问题，及时地进行一系列全方位的保养。

知识重要指数：★★★★☆

养护汽车必知常识

1. 车辆外部保养

秋天早上，露水较多，汽车表面就应及时做喷漆处理，以免刮痕部位受潮而锈蚀，另外，在换季之时，最好为您爱车的表面做一次从清洗、抛光到打蜡、封釉或镀膜的一系列美容养护。

2. 检查暖风管线及风扇

秋天天气逐渐转凉，气温较低时会出现白霜，应该特别注意挡风玻璃下的除霜出风口出风是否正常，热量是否足够，如果出现问题，要及时解决，否则，会给驾驶带来不安全因素。

3. 清洗车门玻璃导槽

夏季接连不断的雨水，使得大量的雨水带着不少的灰尘和酸碱物质顺着玻璃流入导槽中，玻璃升降缓慢。所以应该对玻璃导槽进行清洁。车主应采用专业的清洁剂，如某些大品牌的玻璃导槽还原剂等，清洁导槽，随后上下升降玻璃数次，升降的速度和平顺性就很好啦！

4. 给车门锁芯上点油

车锁芯的保养其实很简单，就是给它上点油，起到润滑的作用即可，不过对于已经生锈发涩的锁芯，最好选用一些专用的松动润滑剂，效果会更好。

5. 时刻留意高温潮湿对汽车音响的影响

CD 唱片表面经常会有一层雾气，会产生读盘困难，最好每隔一段时间擦洗一次。如果是改装 CD 驱动器，为了避免潮湿，不要安装在底板和座位下面，最好安装在车身的高处，但是不要安装在后风挡玻璃处，温度过高会使电子元件和激光头加速老化。

13.9 冬季养护之功能养护

人有“贴秋膘”的习俗，就是为漫长而寒冷的严冬作准备。汽车如人，在初冬的时候也需要好好养护一番。

知识重要指数：★★★★☆

养护汽车必知常识

1. 检查汽车发动机的运行状态

发动机不仅要看，而且要用心聆听。因为从声音中，爱车会传达它的健康情况。车主们可以选择在相对安静的地方倾听爱车的“心声”。

2. 适时调整机油浓度

在进行换季保养时，还要特别关注一下汽车机油的浓度问题，天气寒冷时，应使用黏度较低的机油。

3. 汽车底盘

冬天下雨雪、雪后道路撒盐水，汽车底盘总是直接和雨、雪打交道，很容易生锈。所以，在初冬应给底盘做个防锈护理，雪天出行就不怕损毁底盘了。

4. 更换防冻玻璃水

随着气候转冷，一定要换为冬季专用的防冻玻璃水。因为汽车挡风玻璃的清洗关系到驾驶视线和驾驶安全，所以选择玻璃水千万不能马虎。合格的玻璃水应该同时具备清洗和防冻性能，防冻效果不好的玻璃水冬天会造成玻璃水结冰、严重的会造成玻璃水壶上小水泵电机烧毁。

5. 更换防冻液

防冻液的更换周期为两至三年或是行驶三至四万公里，正常的冰点是在零下35℃，沸点在135℃左右。达到以上标准时建议车主尽快到4S店检查防冻液的冰点，如果不达标就要及时更换防冻液。

13.10 冬季养护之外观和电路养护

初冬的保养完成以后，随着天气的不断变冷，爱车需要经受住低温的考验。

养护汽车必知常识

1. 外观养护

(1) 雪天后应及时洗车，清除带有酸性、腐蚀性物质的雪水，避免车漆受损，过早出现锈迹。

(2) 冬季清洗车辆要用温水，不能用冷水直接冲洗。尤其是发动机升温后，冷水清洗会急速降温，造成引擎盖表面油漆皴裂。冲洗后应及时打开车门擦干水迹，防止门缝处残水结冰，冻住车门，车窗被冻住时不要强行开关。

2. 电路养护

(1) 冬季汽车耗电量大，要及时对电瓶进行护理。清除电瓶桩头上的氧化物，补充蒸馏水。过低的温度会让电瓶容量大大降低，最好进行一次彻底充电。一般电瓶的使用寿命是两到三年。如果已接近使用寿命的电瓶，尤其是自动挡车，最好提前更换，以防误事。

(2) 冷车启动困难时，应隔 30 秒左右再次发动，切忌连续点火，以防造成启动机损毁及电瓶耗尽电能。

(3) 冬季车内外的温差较大，车窗很容易结雾影响视线，因此要保持风挡、侧窗出风口、后窗的电加热丝处于良好状态。

(4) 冬季应先点火发动车辆，待发动机正常工作后，再开大灯等用电设备；停车时应先关电器，再熄火；停车尽量不要大量耗电，特别是电动窗、大灯、音响等耗电量大的设备。

13.11 冬季挡风玻璃除冰妙招

寒冷的冬天，经常大雪纷飞，有时连续几天，放在外面的汽车挡风玻璃难免会结冰，对于车主来说，这是一件非常棘手的事情。

知识重要指数：★★★☆☆

养护汽车必知常识

1. 温水除冰

冬季温差大，切记不能用热水除冰，因为热水与玻璃温差太大，很容易让挡风玻璃发生爆裂。具体如下：

(1) 如果挡风玻璃上的冰比较薄，可以找一块干净柔软的抹布，在四五十度的温水里浸透，然后覆在冰玻璃上轻轻擦，使冰层融化，擦几遍后再用40℃左右的温水冲干净就可以了。

(2) 如果挡风玻璃上的冰结得很厚，要一边用温水化冰，一边开启车辆，使车水温指针到达中间（车水温大概为七八十度）位置，然后将暖风吹向挡风玻璃，并且开最大风量，过不了一会儿挡风玻璃就会热起来，冰也慢慢融化开。

2. 硬物除冰

当挡风玻璃上有冰时，可以用硬质的塑料刮片或者玻璃冰霜铲除去。但除冰时，塑料刮片或玻璃冰霜铲要向同一方向推，不能来回地刮，因为这样很容易把玻璃刮伤。但这种方法效果不是明显，也很费力，有时刮十几分钟，也只能刮下一小块儿冰。

3. 喷雾除冰雪剂

目前市场上有一种喷雾除冰雪剂，它是专为结冰的车窗和雨刮器解冻的高速防冰喷洒浓缩液。这种除冰雪剂喷上后，不但不会损伤车身表面，还可以防止再次结冰。

汽车前挡风玻璃结冰时，千万不要再开启雨刷器了，否则会损害雨刮片和电机。当给挡风玻璃除冰时，还要注意及时清除挡风玻璃的水或积雪。